AF300166

LETTRES

SUR

LES HOMMES CELEBRES,

Dans les Sciences, la Littérature & les Beaux Arts, sous le Regne de LOUIS XV.

François vous savez vaincre, & chanter vos conquêtes,
Il n'est point de Lauriers qui ne couvrent vos têtes.

Volt. Henr. Chant. 7e.

PREMIERE PARTIE.

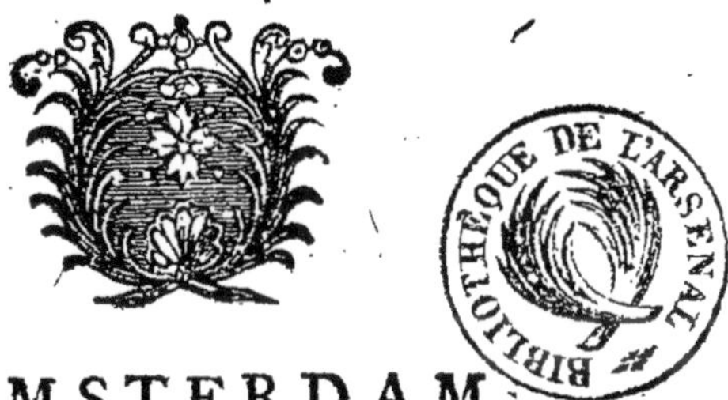

A AMSTERDAM,

Et se trouvent à Paris,

Chez DUCHESNE, Libraire, rue Saint Jacques, au-dessous de la Fontaine Saint Benoît, au Temple du Goût.

M. D. C C. L I I.

AVERTISSEMENT.

LE siècle de LOUIS XIV. si fertile en grands Hommes & presque dans tous les genres, n'avoit pourtant à opposer à *Homere* & à *Virgile*, que le Pere *le Moine* & *Chapelain*. La Phisique expérimentale n'étoit pas encore dans tout son jour ; le Pastel étoit à peine connu, & la Musique peu approfondie. Il est vrai que les *Corneilles*, les *Molieres*, les *Bossuets*, les *le Bruns*, les *Girardons*, & tant d'autres Savans & Artistes célèbres, doivent servir de modèle à tous les hommes qui voudront courir leur carrière ; mais M. de *Voltaire*, le seul Poëte Epique parmi les François, M. *Rameau*, le plus grand Musicien de l'Europe, & le fondateur de son Art, M. de *la Tour*, & ses crayons ravissans : Voilà des miracles qui sont de notre siècle & qui nous appartiennent. Pour augmenter notre renommée ; nous ne manquerons pas de citer ici M. de *Vaucanson*, c'est encore une des merveilles du tems.

On voit par-là que les François bien loin de dégénérer, ajoûtent à l'éclat dont brilloient leurs Ancêtres. Les grands établissemens se soutiennent dans toute leur splendeur, & notre siècle en a vû naître de nouveaux ; les Sociétes Savantes sont encouragées, & récompensées comme autrefois ; les Hommes Illustres ont la même part aux bontés & aux libéralités d'un Roi, digne Successeur de Louis-le-Grand, & qui tempère par cette humanité dont il a l'ame remplie, la gloire qui l'environne. Sans oublier qu'il est le plus grand des Monarques, la douceur & l'affa-

bilité entourent son Trône, &
l'embélissent ; les Sujets fortunés
qui l'approchent, ont un spectacle continuel de grandeur d'ame
& de sensibilité ; il en est d'autres à qui l'on a fait le récit fi-
dèle de tous les biens qu'il a ré-
pandus, de toutes les graces qu'il
a accordées ; voilà la classe dans
laquelle je suis rangé, & je suis
heureux du bonheur des autres.

Si les personnes qui ont de la
mauvaise humeur contre leur
siècle, & qui nous annoncent
une prochaine décadence jet-
toient les yeux sur les hommes
qui cultivent les Sciences, la
Littérature, & les Arts, ils chan-
geroient bien-tôt de langage. Je
conviens avec eux que plusieurs
d'entre nos beaux Esprits s'éloi-
gnent du bon goût, & séduisent
une partie de la Nation par des
défauts aimables. Il est juste de
s'opposer à ce Schisme littéraire,
qui n'a déja que trop de Parti-
A iij

fans : mais n'avons-nous pas pour la Tragédie deux génies uniques ? Notre Comédie, n'eſt-elle pas l'école des bonnes mœurs ? Nos Romans, ne font-ils pas la plûpart intéreſſans & bien écrits ? Eſt-il rien au-deſſus de cet Abrégé Chronologique de notre Hiſtoire ? & la Philoſophie, ne ſe pare-t-elle pas des fleurs les plus aimables ? Où trouver des Traducteurs plus fidèles ! Des Critiques plus ingénieux ! Ne peut-on pas appliquer à notre ſiècle ce que M. de *Voltaire* a dit de celui de Louis XIV.

Les Muſes à jamais y fixent leur Empire,
La Toile eſt animée, & le Marbre reſpire ?

En effet, la Peinture, la Sculpture, la Gravure ſe ſoutiennent avec honneur, & nous avons les *Vanloos*, les *Natoires*, les *Bouchardons*, les *Pigales*, les *Drevets*, les *Balechous*, dont on eſt dans l'habitude d'attendre des chefs-d'œuvres.

Quels Sages raſſemblés dans ces auguſtes
    lieux,
Meſurent l'Univers, & liſent dans les Cieux,
Et dans la nuit obſcure, apportant la lumière,
Sondent les profondeurs de la nature entière.
L'erreur, préſomptueuſe à leur aſpect s'enfuit,
Et vers la vérité le doute les conduit.

    L'Académie des Sciences eſt
plus en droit que jamais de recla-
mer ces beaux Vers. Toutes les
parties de la Phiſique ont fait de
nouveaux progrès entre les mains
des Savans qui les cultivent de
nos jours. On ſait que l'Anato-
mie, & la Chimie ſe ſont per-
fectionnées, l'une par le moyen
des *Winſlows*, & des *Ferreins*; l'autre par celui des *Hellots*, des
Malouins, des *Rouelles* & des
Geoffrois. Il en eſt de même de
la Médecine & de la Chirurgie,
autrefois ſi diviſées, aujourd'hui
ſi unies. Elles ſe pretent des ſe-
cours mutuels, & n'ont jamais
été ſi brillantes. C'eſt à quoi l'on

devoit compter avec les *Molins*, les *Aftrucs*, les *Senacs*, les *Vernages*, les *Morands*, les *le Drands*: Enfin dans le Bareau, dans la Chaire, il fe trouve des hommes qui fans atteindre à la réputation des *Bourdaloues*, des *Maffillons* & des *Patrus*, confervent quelques étincelles du feu Divin dont ces grands Maîtres étoient animés. On a perdu depuis quelques années les *Segauts*, les *Cochins*, les *Normands*, qui ne le cédoient guères aux plus fameux Orateurs du dernier fiècle, & qui ont brillé dans le nôtre. J'ofe aujourd'hui ouvrir les faftes des Sciences & de la Littérature, & faire paroître fur la Sçène les Savans & les Artiftes en tout genre. J'avoue que j'ai fuccombé à la tentation, fans avoir trop cherché les moyens d'y réfifter. J'aurois befoin de faire ma cour aux Mufes pour venir à bout d'un tel projet. Si le zèle & la bonne volonté ne peuvent tenir lieu de génie, voilà du moins mon excuse pour la foiblesse de l'exécution, & mon motif pour demander au Public son indulgence. Je commence par la Musique, qui, de l'aveu des Etrangers & des Connoisseurs de la Nation, est de toutes les Sciences celle qui a fait dans notre siècle les plus rapides progrès, raison de préférence qui ne peut guères trouver de Contradicteurs. Je hazarde quelques réflexions sur cet Art, je parle ensuite des Anciens & de ceux qui ont excellé dans le dernier Regne & surtout des Musiciens vivans : je compte suivre cette méthode dans les Sciences & les Arts dont je traiterai dans la suite. Chaque partie de cet ouvrage se donnera séparément.

Il ne me reste plus qu'à faire attention à un article d'un Journal de Trévoux de la dernière année.

x *AVERTISSEMENT.*

» Les hommes supérieurs du
» siècle passé, dit l'Auteur, ont
» pour eux la voix de la posté-
» rité & les Éloges du tems.
» Espérons pour ceux d'aujour-
» d'hui les mêmes avantages,
» mais ne précipitons & n'ou-
» trons rien, laissons-les Bâtir ce
» monument de gloire plus du-
» rable que le bronze, & ne les
» détournons point par l'harmo-
» nie dangereuse d'un Panegyri-
» que trop précoce. » Cette réflexion est judicieuse, je tâcherai
de m'en écarter le moins qu'il
me sera possible. Il est certain
cependant qu'il y a des hommes
uniques qu'on peut beaucoup
louer parce qu'ils le seront toujours; on ne risque rien avec eux, &
puisqu'on a tant parlé des morts
célèbres, qu'il soit du moins permis de dire quelque chose des
vivans qui font l'ornement & la
gloire de la Nation.

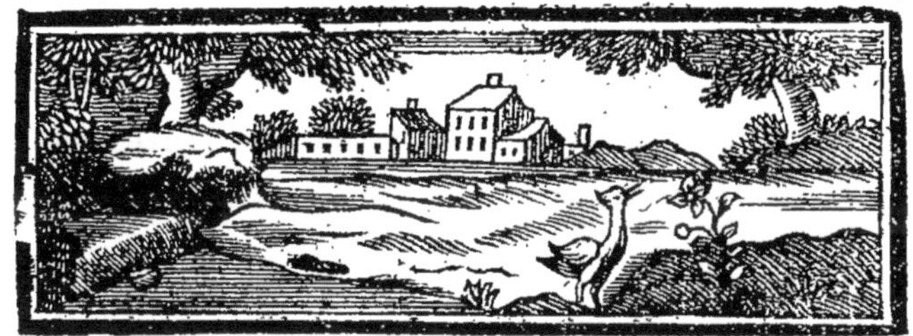

LETTRES

SUR

LES HOMMES CELEBRES,

*Dans les Sciences, la Littérature &
les Beaux Arts, sous le Regne
de LOUIS XV.*

LETTRE PREMIERE.

Sur la Musique & ses effets.

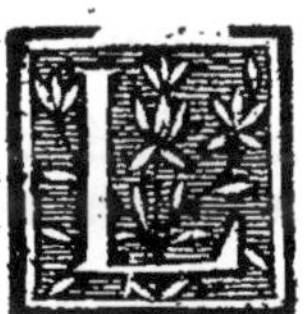

A Musique a une datte bien ancienne, Monsieur, elle commence avec le Monde, & les premiers hommes la cultivoient. Elle s'est beaucoup perfectionnée depuis ; mais il n'en faut pas davantage pour prouver qu'elle est plus naturelle à l'homme que l'on ne pense ; & pour faire le procès dans toutes les règles à des gens sans ame & sans goût,

A vj

qui affectent de méprifer ce bel Art.
Ce font quelquefois des perfonnes *de
bon fens*, que la nature a regardés d'affez
mauvais œil, pour leur refufer des organes. Témoin ce qu'en dit M. *de Voltaire*
dans la Préface de fon *Œdipe*. *Paris
eft plein de gens de bon fens, nés avec
des organes infenfibles à toute Harmonie,
pour qui de la Mufique n'eft que du bruit,
& à qui la Poëfie ne paroît qu'une folie
ingénieufe.* Il n'y a pas à craindre que
cette maladie devienne contagieufe :
car fi vous exceptez cette efpèce fingu-
lière *de gens de bon fens*, qui tient encore à la barbarie des Goths & des
Vandales, toute notre Nation eft fenfible aux beautés de la Poëfie, & aux
charmes inexprimables de la Mufique.

Ce fut principalement chez les Grecs
que cet Art parvint, dit-on, à fa plus
haute perfection. Tout n'eft-il pas inimitable & merveilleux chez les anciens?
Les Poëtes de ces tems-là étoient auffi
Muficiens : par exemple *Homère*, *Hé-
fiode*, *Sapho*, *Anacréon*, *Pindare*, & dans
un tems plus reculé & plus fabuleux,
par conféquent, *Orphée*, *Amphion*, *Li-
nus*. Je confentirai fi l'on veut que cette
Mufique ancienne étoit admirable ;
mais elle devoit être moins étendue que

la nôtre, pour que le même homme pût exceller dans deux Arts différens. On n'a point trouvé dans le beau fiècle de Louis XIV. ce Phénomène fi commun chez les Grecs, ainfi il y a tout lieu de croire que nous nous en pafferons. *Lully* faifoit des Vers, mais il étoit bien loin d'être un grand Poëte ; je penfe auffi qu'*Homère* n'étoit pas un fort habile Muficien. Qui fait fi dans quatre ou cinq cens ans *Lully* ne paffera pas pour avoir excellé dans la Poëfie & dans la Mufique, & fi *Milton* ne fera pas mis au nombre des fameux Muficiens parce qu'il s'amufoit à toucher de l'Orgue dans des inftans qu'il déroboit à la Poëfie ?

Platon rapporte qu'un célèbre Muficien de fon tems, difoit que la République en fouffriroit beaucoup fi l'on s'avifoit de faire le moindre changement dans la Mufique. Moyen infaillible pour ne pas avancer d'un dégré. Sans doute qu'il n'y avoit plus rien à défirer dans les compofitions de ce tems reculé ? Que n'eft-elle parvenue jufqu'à nous cette Mufique fi parfaite ! Les Italiens & les François n'auroient pas fait tant de recherches ; il n'eft pas fur qu'on y eût gagné, parce que dans tous les

Arts on arrive lentement à la perfection. L'esprit humain ne la saisit guères qu'après avoir été long-tems aux prises avec l'erreur. D'ailleurs tels admirables que fussent les Grecs, *Armide, Héfione* & les *Indes Galandes*, auroient peut-être effacé les chefs - d'œuvres perdus & vantés des Muficiens d'Athènes, au moins nous confolent-ils de la privation de ces prétendus miracles. Je fais que les Tableaux & les Statues des anciens font d'un grand prix, & pour ne me pas attirer une foule d'ennemis ; je confesse que je penfe de même fur leur Mufique ; on peut cependant moins respecter une chofe qui n'exifte pas, mais il faut toujours la respecter un peu, lorfqu'elle eft ancienne, & qu'on n'aime point les querelles.

Platon ne faifoit point difficulté de dire qu'il étoit auffi honteux de ne pas favoir la Mufique que d'ignorer les Belles Lettres.

Pour adoucir ce passage, je dirai feulement qu'il eft honteux de manquer abfolument de goût pour la Mufique, ou fi vous voulez, de n'en avoir pas quelque teinture. Il eft certain que les Romains avoient grand foin de la faire apprendre à leurs enfans. Leur deffein étoit de perfectionner leur esprit , de leur inspirer une certaine noblesse dans les manières , & de les rendre capables des plus grands emplois. Si la Musique est capable de ces choses , quelle gloire pour elle ! Il est constant qu'elle doit faire partie de l'éducation , puisqu'elle inspire de la douceur & de l'humanité. Les charmes de cet Art divin viendront à bout d'un caractère féroce & brutal , & poliront de plus en plus un heureux naturel. Rien ne montre mieux le cas que les Grecs faisoient de la Musique , que ce qui arriva à *Thémistocle* : Ce Guerrier ayant refusé de jouer d'un Instrument dans un festin , fut regardé d'un mauvais œil par les convives & fit mal penser sur son compte.

Les Législateurs de l'Egypte & de la Perse , faisoient une Loi de la Musique , elle marchoit de front avec leur Religion. *Lycurgue* plaça l'Harmonie dans le Livre des Loix de Lacédémone & *Pithagore* fit mettre cette Inscription sur la façade de son Ecole. *Loin d'ici, Profanes , que personne ne porte ici ses pas s'il ignore la Musique , Profanes, loin d'ici.* Que de Profanes en France ! *Aristote* disciple de *Platon* , & beaucoup d'autres Philosophes ont recommandé l'étude de la Muſique , comme d'une Science très - utile pour les mœurs. Ignore-t-on , dit M. *Greſſet* dans ſon diſcours ſur l'Harmonie : *Que les Elèves de Zoroaſtre , commençoient la journée par un Concert harmonieux* ? *ils vouloient par-là préparer l'ame à contempler la vérité , perſuadés que par les mouvemens doux & meſurés de la Muſique , l'ame entroit dans cette égalité , dans ce ſilence des ſens & dans cet équilibre parfait , que demandent les ſpéculations épurées , & qu'ainſi affranchie des obſtacles de la matière & de la chaîne des paſſions , elle s'élançoit ſur des aîles plus rapides , au Temple du vrai , au commerce des intelligences éthérées , à la confidence des Dieux. Ces mêmes Sages terminoient la journée au ſon des Flutes douces & des Airs Lydiens pour ramener l'eſprit égaré pendant le jour ſur des objets étrangers , pour mieux l'appreter aux faveurs du Dieu des Pavots , & pour appeller le paiſible ſilence & les ſonges rians.* Je voudrois ſavoir ſi les Elèves de *Zoroaſtre* obtenoient de l'Harmonie tout ce qu'ils en demandoient, c'étoit du moins un peu trop à la fois.

Les effets de la Muſique ancienne ſe trouvent écrits partout ; j'en dirai pourtant quelque choſe, Monſieur, & j'oſe-

rai même y ajouter quelques obfervations pour égayer un peu la matière.

Homère, dit qu'*Achille* calmoit les
fureurs d'*Agamemnon*, en jouant fur fa
Lyre des Airs qu'il avoit appris de *Chi-*
ron, premier miracle que je ne m'avife
point de révoquer en doute.

Les Séditions Populaires fuivant
Diodore de Sicile, étoient appaifées par
le talent des Muficiens Gaulois, dont
les Airs étoient fort mélodieux, cela
paroît tout naturel : & deux ou trois
Violons feroient le même effet fur notre
Populace.

Le Muficien *Thimothée* par les Airs
qu'il chantoit, ou jouoit fur un Inftrument excitoit différentes paffions dans
le cœur d'*Alexandre*, il le rendoit fu-
rieux, il le calmoit, enfin ce Roi dans
un petit efpace de tems, étoit oû rempli de vengeance, ou porté à la douceur, accablé de trifteffe, ou rempli de
gaieté, livré à un doux fommeil, re-
veillé à l'inftant, tout cela dépendoit
du Muficien. Voilà fans doute un grand
talent ; mais on fe fouviendra qu'il eft
de règle d'embellir les Hiftoires, & que
d'ailleurs nous ne le cédons pas aux
Grecs, puifque nous avons auffi dans
notre fiècle de la Mufique qui endort.

Voici un autre homme non moins furprenant que *Thimothée*, c'eft *Antigenidas*. Ce Muficien exprime fur fa Flute un bruit Guerrier, *Alexandre* émû tout à coup, court promptement à fes armes pour combattre. Il n'eft pas étonnant qu'un Prince amateur des combats comme le fils de *Philippe*, ait faifi cette occafion, la Guerre étoit fon élément; il ne falloit pas je penfe grande chofe pour l'y exciter, *Antigenidas* auroit fait ce miracle avec un fimple Chalumeau.

La Mufique a beaucoup de pouvoir fur les hommes, elle doit en avoir, mais je ne voudrois pas qu'on lui pût reprocher des cataftrophes fanglantes. Voici une anecdote terrible tirée de l'Hiftoire de Dannemarck.

Le Roi *Eric II.* ayant voulu entendre un Muficien qui par l'excellence où il portoit fon Art, fe rendoit maître de l'efprit de tous ceux qui l'écoutoient; le Muficien exprima devant lui un chant martial avec des cadences fi animées que les perfonnes qui l'entendirent entrerent dans une colère & une agitation violente, la fureur du Roi fe porta même à un tel point, que s'étant échappé des mains de fes Gardes qui avoient été obligés de le retenir il tira fon épée,

& la passa au travers du corps de quatre personnes de sa suite. Un Roi si violent devoit demander au Musicien des Airs tendres, il n'en auroit pas couté la vie à tant de monde.

M. *Remond de Saint-Mard*, prétend que la Musique a opéré de grands miracles de nos jours. Ce fut, dit-il, *un Air de Violon de* Lully, *qui fit quitter à* Theobalde *son pays & l'amena dans notre Orchestre.*

Un fils naturel de *Sainte-Colombe a conté, que son pere ayant joué une Sarabande de sa façon à un homme qui étoit venu pour l'entendre, cet homme en fut tellement touché qu'il tomba en foiblesse.*

Quoique M. de *Saint-Mard* avance hardiment *que de pareils accidens sont fort peu à craindre de nos Airs de Violon, & de nos Airs Chantans,* j'ai à lui répondre que *Sainte-Colombe* étoit un Musicien médiocre, incapable de faire tomber qui que ce soit en foiblesse & que c'est à un *Lully* & à un *Rameau*, à opérer de tels prodiges. Je suis d'autant mieux fondé à parler de la sorte, que la Musique voluptueuse & galante de *Pygmalion*, a fait naître dans tout cœur sensible les sentimens les plus tendres.

J'avouerai même à M. *Remond*, que l'Acte de *Tyrthée*, des *Talens Lyriques* m'a inspiré de la valeur, & que je ne demandois qu'à combattre. *Ce font pourtant nos Airs de Violon, & nos Airs Chantans* qui ont produit cet effet-là fur moi, pendant que je fuis fur qu'une Saraban-de de *Sainte-Colombe* auroit le don de m'ennuyer. Jugez à préfent fi je crois tout ce que dit M. de *Saint-Mard* fur-tout donnant lui-même une pleine liberté à ce fujet. *Chacun, dit-il, après m'avoir lû reftera le maître de penfer comme il voudra, & je n'ai pas l'injuftice d'ô-ter aux autres un privilege qui me fait tant de plaifir.*

Voilà, Monfieur, ce que l'Antiquité fabuleufe, & les Hiftoires Modernes nous fourniffent de plus fingulier fur les effets de la Mufique. Pour faire valoir encore cet Art fublime, je pourrois vous parler d'*Orphée*, d'*Amphion*, d'*Arion*, de *Terpandre*; mais les ouvrages de M. *Rameau*, l'Orphée de nos jours, ont élevé la Mufique au plus haut dégré de gloire; les brillans fuccès de ce grand homme valent mieux que des Fables. A en croire les Poëtes, qui doivent toujours un peu mentir, la Mufique autrefois étoit capa-ble des plus grandes chofes, M. *Rameau* offre à fon fiècle tout ce qu'elle peut aujourd'hui. D'ailleurs il n'y a point tant à s'étonner que l'Art dans fes commence-mens ait produit de grands effets fur des oreilles fenfibles ; mais de ravir, & d'en-chanter des oreilles accoutumées depuis long-tems à des repréfentations en Mu-fique, & à des Concerts très-fréquens, c'eft un véritable miracle. Ce qui doit donc furprendre, c'eft que parmi les François chez lefquels le fameux *Lully* a peut-être été plus loin que tous ces Muficiens fi vantés de la Grece, il fe foit trouvé un homme hardi & profond qui frayant des routes nouvelles à qui pourra y marcher après lui, ait volé au fublime foutenu par fon propre gé-nie, & fans aucun fecours étranger. Il eft en droit de dire comme le grand *Corneille* :

Je ne dois qu'à moi feul toute ma renommée.

Les Anciens faifoient chanter après le repas ; nous les avons imités, & les *Lamberts*, & les *Deboujfets*, ainfi que plufieurs jolis Muficiens de notre fiècle, feront toujours chez nous par leurs Airs à boire l'ame des Feftins. Quoi la Mufique auroit l'avantage d'ex-citer à la joye, de modérer la trifteffe,

& de calmer les efprits échauffés par le vin ? Elle trouvera dans Paris mille occafions d'exercer fa puiffance.

Il y avoit chez les Argiens une peine établie contre ceux qui parloient mal de la Mufique : c'eft *Plutarque*, qui nous l'apprend ; il ne fuffifoit pas que les coupables fuffent dans le cas d'encourir la difgrace des Mufes, il falloit un châtiment exemplaire. On devroit auffi punir ceux qui par envie veulent rabaiffer les talens du plus grand de nos Muficiens, & qui ont eu l'audace de publier contre lui une miférable allégorie pétrie de haine & d'ennui, & faite pour divertir la plus baffe canaille. Mais ne font-ils pas affez punis ces Auteurs jaloux ? On les laiffe s'abreuver de fiel, & on les fiffle au Théâtre.

Le plus grand éloge qu'on puiffe faire de la Mufique, c'eft de dire qu'elle ne déplaifoit pas à *Socrate*. Oui, *Socrate* avoit appris à chanter & jouoit de plufieurs Inftrumens : après un tel exemple un Savant auroit-il bonne grace de faire le dédaigneux, & de fe retrancher fur le peu d'utilité de cet Art ? Un Algébrifte même doit fe prêter aux charmes de la Mufique & fe dérider en fa faveur, ce fera beaucoup ; car un Algébrifte eft

un terrible homme si l'on en croit M. *de
Voltaire* , je souhaite que la critique
que ce grand Poëte en fait puisse cor-
riger l'infléxible caractère , & les mœurs
sauvages de ces Messieurs.

Entend-tu murmurer ce Sauvage Algébriste ,
A la démarche lente, au teint blême , à l'œil
    triste ,
Qui d'un calcul aride à peine encore instruit,
Sait que quatre , est à deux , comme seize ,
    est à huit ,
Il méprise *Racine* , il insulte à *Corneille* ,
Lully , n'a point de sons , pour sa pésante
    oreille.

Ce n'est-là l'homme qu'ébauché ,
voici ce qui le peint à ne le pas méconnoître.

Des X X redoublés admirant la puissance ,
Il croit que *Varignon* fut seul utile en France,
Et s'étonne surtout qu'inspiré par l'Amour ,
Sans Algebre autrefois *Quinault* charmât la
    Cour.

Ce portrait si ressemblant peut convenir à plusieurs Savans très-profonds,
mais très-peu faits pour la Société. On
reviendra peut-être un jour du Pédan-

tifme, il faut que les Arts aimables le détruifent, ce fera leur dernier triomphe. Que ne fe grave-t-on dans la mémoire ce beau Vers du Poëte.

On ne vit qu'à demi quand on n'a qu'un feul goût.

Si quelque Auteur même accrédité s'avifoit, Monfieur, de faire un Dif- cours fur l'utilité de la Mufique, je fuis perfuadé qu'on pourroit le lire, mais qu'on en riroit. La Mufique diroit-on eft agréable, mais elle n'eft point utile ; fervons nous de l'autorité de *Boece*. *Menias*, dit cet Auteur, guérit plufieurs Beotiens attaqués de la Sciatique, & il leur fit paffer la douleur au fon des Flutes. C'eft une recette qui n'eft point défagréable , & l'on fe feroit bien mieux à de femblables remèdes, qu'à ceux que la Pharmacie apprête. Dans ce tems-là on avoit dans le même homme un bon Médecin & un grand Muficien, l'agréable & l'utile. O jours fortunés ! O fiècle d'or ! Comme tout change. Je défie à préfent à M. *Blavet* d'en faire autant : les meilleurs Sonates de Flute ne guériront jamais la Goute.

Téophrafte, *Démocrite*, *Afclépiade* fa- meux Médecins de l'antiquité, affurent que

que la Musique peut guérir un grand
nombre de maladies. Elle produisoit le
même effet chez les Thébains du tems
d'*Apollonius.* Aujourd'hui personne ne
peut révoquer en doute, que la Musique vive & saillante, ne soit le seul re-
mède de la morsure de la Tarentule, &
pour me servir d'exemples, que j'ai sous
les yeux, je connois des gens à qui un
Opéra de M. *Rameau*, a valû les con-
seils des *Molins* & des *Vernages*, ils
étoient fort malades en entrant, ils en
sortoient guèris. Je ne parle que de ceux
qui ont les organes sensibles.

Ouvrez les Livres des Voyages, vous
verrez, M. dans plusieurs relations que
la Musique est de la plus grande utilité
pour les Conducteurs des Chameaux.
Lorsque ces gens veulent aller à grandes
journées, ils ne se servent ni du fouet,
ni du bâton. Quelques Chansons font
doubler le pas aux Chameaux, & tous
les coups qu'on pourroit leur donner,
les feroient avancer beaucoup moins
vîte qu'un petit air chanté à propos.

Tous les Animaux sont sensibles aux
douceurs de l'Harmonie : Le Rossignol
surtout ose le disputer à une belle voix
qu'il entend : souvent on l'a vû plutôt
mourir que de céder, & tomber en sou-

I. Partie.   B

pirant aux pieds de son vainqueur. Plus
d'une fois, dit M. *Gresset, la Guitare a été
son tombeau.* Les Poissons si insensibles,
sont émûs au bruit d'un Instrument, &
viennent remplir les Filets. Ceux qui
aiment la pêche peuvent profiter de cet
avis. *Pline* rapporte que le Cerf est attentif au son de la Flute, & *Ovide* nous
dit que le son du Chalumeau a souvent arrêté le Loup prêt à dévorer un
Agneau. Si la chose est telle, ce seroit là
une grande ressource pour les Bergers.

Il seroit inutile d'entrer dans un grand
détail sur les honneurs que les Anciens
rendoient aux grands Musiciens, & sur
l'estime qu'on avoit pour cet Art chez
les Grecs, il me suffira de vous dire,
qu'ils appelloient ceux qui avoient l'esprit stupide & grossier gens sans Musique, ἀμούσοις. Un petit mot Grec cité
à propos ne fait jamais de mal.

En France les Musiciens célèbres ont
été la plûpart récompensés : *Lully* a été
Annobli avant d'acheter sa Charge de
Sécretaire du Roi, & *Lalande*, a été
honoré du Cordon de Saint Michel,
qu'il n'a dû qu'à son mérite, sans in-
trigue & sans cabale. Le véritable
talent n'est jamais oublié ; il perce
tôt ou tard, & on applaudit aux hon-

neurs qu'on lui rend. On a vû rarement un petit mérite exalté, comblé de diftinctious; il ne les devroit qu'à la faveur, & on n'en feroit guères plus de cas. La parure ne fied bien qu'à une jolie Femme; il en eft de même des Lauriers, ils perdent de leur éclat lorfqu'ils ne ceignent pas le front d'un grand Homme.

Dans l'Univerfité de Cambridge, parmi les Facultés qui la compofent, il s'en trouve une de Mufique qui eft fur un bon pied. Cela me paroît bien imaginé, & ne peut que faciliter les progrès d'une Science qu'il faut abfolument favoir dans ce pays-là pour s'en mêler; au lieu qu'en France eft Muficien qui veut. Il eft permis à tout homme qui s'annonce pour *Organifte*, ou pour *Violon*, de tourmenter les oreilles, & de faire haïr, fi l'on peut s'exprimer ainfi, un Art fi beau & fait pour le plaifir de la vie. Il fe trouve même des gens fans pudeur, qui ont le front de montrer ce qu'ils ne favent pas, & de juger hardiment les Maîtres, quoique leurs productions foient pour eux une magie qu'ils ne pénétreront jamais.

On prévient cet abus à Cambridge, & on le previendroit ici, fi l'on établiſſoit une Compagnie qui jugeroit du mérite des Elèves, & qui ne les admet-troit à pratiquer leur Art, qu'après des examens réitérés où ils auroient donné des preuves de leur capacité. Voilà un projet qui ne peut faire qu'honneur à la France en donnant à la Muſique de la dignité, & aux grands Maîtres un titre honorable.

Je ne veux point, Monſieur, paſſer ſous ſilence la cérémonie qui s'obſerva dans l'Univerſité de Cambridge en 1696. Les Profeſſeurs commencèrent la ſolemnité par les Harangues. Enſuite les Elèves qui devoient prendre des dégrés ſoutinrent des Thèſes. Un Concert bien exécuté, & un Diſcours où l'on fit l'éloge de la Muſique, terminerent cet Acte; le Diſcours étoit de M. *Turner* qui prit ce jour-là le bonnet de Docteur en Muſique.

Je ſuis ſur que de toutes nos Facultés, celle de Muſique ſeroit la plus ſuivie: les Médecins parlent bien Latin, leurs Thèſes ſont élégamment écrites; mais qu'une belle Symphonie eſt bien plus intelligible, c'eſt une Langue que tout le monde entend. Une utilité ſenſible qu'on pourroit retirer de cet établiſſe-ment, ſeroit la perfection de la théorie de la Musique ébauchée dans le derniet siècle ; mais mise dans tout son jour par le célèbre M. *Rameau.* Il ne faudroit pas, j'en conviens, donner dans une contemplation outrée, cela pourroit éteindre le feu du génie. Les nouveautés qui ne sont que chimériques, & qui ne sont appuyées sur rien seroient déclarées nulles. On ne critiqueroit pas amèrement les Auteurs, on les encourageroit au contraire, & ils pourroient par la suite mieux rencontrer. * Le nouveau Mode de M. *de Blainville* y seroit examiné sans partialité par les Maîtres de l'Art, & l'on verroit si l'on peut tirer quelques beautés de sa découverte, ou s'il faut l'abandonner. On se souvien-

---

* Cette nouveauté a été annoncée dans plusieurs Mercures de l'année dernière, & a été essayée une fois au Concert Spirituel, on n'en parle plus depuis ce tems-là : on doit toujours savoir gré à l'Auteur de ses recherches. Plusieurs personnes disent hautement qu'un Mode qui n'est ni *majeur*, ni *mineur*, est la pierre Philosophale de la Musique ; faut-il donc que toutes les Sciences ayent leurs chimères ? la Quadrature du Cercle, la Transmutation des Métaux, le Mouvement Perpétuel, le nouveau Mode : Voilà les écarts de la Géométrie, de la Chymie, de la Méchanique, & de la Musique.

droit fur tout de cette phrafe fi fenfée
de M. de *Voltaire* qui fe connoit pref-
que à tout, & qui a fi fouvent raifon : *Pour décider fur la Mufique ce n'eſt pas aſſez, ce n'eſt rien même de calculer en Mathématicien la proportion des tons, il faut avoir de l'oreille & de l'ame, comme pour juger des Poëtes, il faut ſçavoir fen-tir, il faut être né avec quelques étin-celles du feu qui anime ceux qu'on veut connoître.* Obfervation jufte, & que la plûpart de nos gens à décifion devroient mettre en pratique.

LETTRE II.

Sur l'Opéra.

LE s Arts dans tous les pays ont eû, Monsieur, leurs commencemens & leurs progrès. Quoique l'on pût compter en France quelques bons Maîtres de Chapelle sous Louis XIII. Cependant la Musique étoit encore dans son enfance, & ce ne fut que sous le Regne de Louis le Grand qu'elle se perfectionna.

Lully né Italien, mais amené en France très-jeune, s'y fit connoître par des talens supérieurs, & devint ensuite le créateur & le maître de notre Opéra, Spectacle dérobé à l'Italie, & qui ne lui céde pas à présent.

Le peu de capacité des Musiciens de ce tems-là qui ignoroient absolument leur métier, & qui trembloient lors-qu'il falloit exécuter à livre ouvert retarda un peu les progrès de la Musique, & empêcha *Lully* de développer tout son génie; il fallut donc pour vaincre ces obstacles, qu'il formât les Musiciens dans tous les genres, & on s'apperce-

B iv

voit du progrès que faifoient ceux-ci,
par de plus grandes difficultés qui fe
trouvoient dans les ouvrages de leur
Maître ; en effet les derniers Opéra de
Lully font beaucoup plus travaillés que
les premiers. Il y a des gens qui prétendent que ce grand homme auroit été
encore plus loin, s'il avoit pû être témoin de l'habilité à laquelle font parvenus nos Symphoniftes depuis fa mort :
mais à qui la doivent-ils cette habilité ?
au Succeffeur de *Lully*, à cet homme
extraordinaire qui par une route oppofée eft devenu le rival de l'Auteur d'*Armide*, & la feconde merveille du Théâtre Lirique. Qu'on dife tout ce qu'on
voudra, *Lully* n'a fur lui que l'avantage
d'être venu le premier, & fur le Parnaffe, ils ont la même couronne. *Boileau* qui n'aimoit pas trop :

> Cette morale lubrique,
> Que *Lully* réchauffa des fons de fa Mufique.

Boileau difoit, que *Lully avoit énervé
la Mufique, que la fienne amolifoit les ames,
& que s'il excelloit c'étoit, furtout dans le
mode Lydien.* Voilà du moins ce que l'on
trouve dans le *Boleana.* Il eft certain que
l'Auteur d'*Atis* n'a pas de ces coups de

force & de génie qui caractérifent fon rival ; mais on ne peut pas tout avoir : il y a une vérité dans fon récitatif qui eft étonnante : il eft toujours le difciple de la Nature. *Son attention à imiter*, dit M. *Racine*, *fe remarque partout, & dans les plus petites chofes.* On trouve dans les *Refléxions fur la Poëfie* de l'Auteur que je viens de nommer, un fait qui eft bien à la gloire de *Lully*. Ses ennemis l'accufoient de ne devoir fa réputation & fes fuccès qu'aux Vers de *Quinault*. Ses amis même lui difoient quelquefois qu'il ne lui étoit pas difficile de mettre en Mufique des Vers foibles, & que peut-être il ne feroit plus le même, fi on lui en donnoit de plus travaillés & pleins d'énergie. Le Muficien animé par ce reproche court à fon Claveffin, & faifi du plus violent enthoufiafme, chante fur le champ ces quatre Vers d'*Iphigénie*, bien plus difficiles à rendre par rapport aux images qu'ils préfentent, que tous ceux de *Quinault*.

Un Prêtre environné d'une foule cruelle,
Portera fur ma fille une main criminelle ;
Déchirera fon fein, & d'un œil curieux,
Dans fon cœur palpitant confultera les Dieux.

Un des *Auditeurs* dit, M. *Racine*, de qui j'ai tiré cet endroit intéreſſant, m'a raconté qu'ils ſe crurent tous préſens à cet affreux Spectacle, & que les tons que Lully ajoutoit aux paroles leur faiſoit dreſſer les cheveux à la tête.

Le même Auteur rapporte que le fameux M. *le Brun*, voyant paſſer une criminelle qu'on alloit brûler, crayonna ſes traits ſur un papier, & que ce morceau fut regardé comme ſon chef-d'œuvre. *Cet objet d'horreur*, dit-il ſenſément, *étoit comme le chant de Lully admirable par l'imitation. Quelques Perſonnes Savantes*, continue-t-il, *trouvent la Muſique de Lully trop ſimple pour moi, je ſuis charmé de n'avoir pas des oreilles ſi ſavantes.*

Parler ainſi n'eſt-ce pas faire entendre que la Muſique de M. *Rameau* eſt trop chargée, & qu'elle n'eſt faite que pour les connoiſſeurs, mais puiſque nous en ſommes ſur l'imitation, j'oſe dire que l'Auteur d'*Hyppolite* & *Aricie* a porté quelquefois l'imitation plus loin que *Lully*. Qu'on ſe ſouvienne de l'Acte de *Canope* dans les *Fêtes de l'Hymen*, du Chœur des *Sauvages* dans les *Indes Galantes*, de la tempête qui ſe trouve dans ce Ballet. Du quatrième

Acte de *Zoroaftre*, de l'ouverture de *Zaïs*, & du Trio frappant des Parques dans *Hyppolite* : voilà ce qui s'appelle peindre & imiter ! Que de nuances différentes ! il faut avoir anatomifé les fons, pour en favoir fi bien la valeur, la force, & l'enfemble. Mais qu'a-t-on à dire à M. *Racine*, dont je refpecte plus que perfonne le vrai mérite ? il vous dit ingénument, *je n'ai aucune fcience dans la Mufique.*

On ne peut reprocher à M. *Rameau*, ce qu'on reprochoit à *Lully*. Il n'a point de *Quinault* à qui il doive fa réputation. Je défie à fes plus grands ennemis de le dire, mais malgré les cris réitérés que nous n'avons que trop entendus au fujet des Poëmes de M. de *Cahuzac*, peut-être fes Vers auroient-ils été plus du goût de *Defpreaux*, que les *Pandectes galantes* de l'admirable Lirique du dernier fiècle. Je propofe cela comme un doute, & je ne penfe point que M. de *Cahuzac* foit fupérieur à *Quinault*, tout ce que je peux dire, c'eft qu'il y a des chofes très-bien faites dans les Poëmes qu'il a fournis à M. *Rameau*, & que le même M. de *Cahuzac* qu'on critiquoit avec tant de chaleur eft fort regretté à préfent. Je n'en fuis point fur-

B vj

pris ; ce Poëte a toujours offert un vaste champ à l'imagination sublime de son Musicien, c'est un talent que qui que ce soit ne peut lui disputer, & il est plus grand que l'on ne pense.

M. de *Chassiron* a donné, Monsieur, des réflexions sur les Tragédies en Musique, dans lesquelles le Public a dû trouver des choses neuves & solides. Cet Académicien de la Rochelle, voudroit que l'Histoire de toutes les Nations fût un champ vaste où nos Liriques prissent de grands sujets pliés ensuite aux règles de leur Théâtre. *Si l'Abbé Pellegrin, dit-il, Auteur très-peu respecté d'un ouvrage célèbre, si ce Poëte qu'on a trop cherché à avilir, a trouvé l'art de nous attacher par l'imitation des choses Saintes. Nos Liriques pourroient-ils appréhender de ne pas réussir en traitant des sujets où leur imagination pourroit se jouer avec une entière liberté ? La Fable & le Roman les asservissent à une passion unique, tandis que l'Histoire les offre toutes à leur pinceau avec les mœurs de tous les âges, les révolutions de tous les siècles, & les usages de toutes les Nations ; quelle variété & quelle abondance d'évenemens & d'actions également propres à faire briller le génie des Poëtes, & à exciter l'admiration du Spectateur.*

De pareilles vûes sont bien dignes d'attention : je pense avec M. de *Chassiron*, que ce plan feroit revenir bien des personnes qui sont fort scandalisées de la morale pernicieuse qui se trouve dans nos Tragédies Opéra ; je crois aussi que l'amour de la gloire & de la Patrie doit valoir au moins cet amour effeminé duquel on n'ose s'écarter lorsqu'on compose pour l'Opéra. Tous les Poëtes Liriques se sont fait un point d'honneur d'imiter servilement *Quinault*, voilà ce que disoit *Despreaux* dans les dernières années de sa vie, en effet *la Mothe*, *Danchet*, M. *Roy* lui-même, n'ont guères suivi d'autre route, & dans les meilleurs ouvrages, on ne voit d'autre morale que celle du Législateur de l'Opéra, j'excepte les *Elémens*, Ballet où se trouve un morceau sublime. Il faut écouter là-dessus *Despreaux* lui-même. *Tous ces faiseurs d'Opéra*, dit-il, *font le vœu de* Quinault. Quinault *est leur modèle, c'est le plus grand parleur d'amour qu'il y ait eu, mais il n'est point amoureux. Je pardonnerois toutes leurs dévotions à l'Amour dans un sacrifice qu'on seroit forcé de faire à ce Dieu sur le Théâtre ; mais le Chœur de l'Opéra prêche toujours une Morale lubrique, vous ni entendez autre chose sinon :*

Il faut aimer,
Il faut s'enflammer,
La Sageſſe,
De la jeuneſſe,
C'eſt de ſavoir jouir de ſes appas.

Ce n'eſt pas-là l'eſprit des Chœurs de l'Antiquité, dans leſquels la vertu étoit toujours prêchée malgré les ténèbres du Paganiſme, je n'ai vû que dans Bellerophon *quelques traits qui marquent un peu la paſſion.*

L'Amour trop heureux s'affoiblit,
Mais l'Amour malheureux s'augmente.

Encore Thomas Corneille, *ne ſe ſoutient pas long-tems ſur ce ton, il ſeroit trop honteux de tourner caſaque à* Quinault:

Pourquoi n'avoir pas le cœur tendre,
Rien n'eſt ſi doux que d'aimer;
Peut-on ſi long-tems s'en défendre,
Non, non : l'Amour doit tout charmer.

Ne le voilà-t-il pas revenu au même langage.
Deſpreaux prétendoit que tous les bons endroits de *Bellerophon* lui appartenoient. C'eſt ce dont ne convient pas M. de *Fontenelle*. Une Lettre imprimée

dans le Journal des Savans , & que l'on trouve dans la dernière Edition de ses Œuvres , met entièrement au fait de cette anecdote qui seroit déplacée ici.

M. *Pluche* pense comme *Despreaux* , sur cette morale lubrique , *réduite en maximes & mise en chant* , ce sont ses termes, *Une jeune Demoiselle* , dit - il, *retient en quatre Vers , le précis de tout un Opéra & fait l'Abbrégé de la doctrine de Quinault en rédisant au gré d'un cercle de jeunesse.*

Rendez vous jeunes cœurs, cédés à vos desirs.
Tout vous inspire un tendre badinage,
Ne préférés jamais la sagesse aux plaisirs,
Il vaut bien mieux être heureux qu'être sage.

Que *Despreaux* auroit été content s'il eut pû entendre un homme du mérite de M. *Pluche* parler avec tant de chaleur contre les Opéra de *Quinault* , mais ne quittons point de vûe M. de *Chassiron* qui me paroît bien satisfaisant sur cet article. Il ne s'emporte pas tant que M. *Pluche* , il y a moins de déclamation dans ses réflexions ; il instruit davantage, & selon moi, il cherche le moyen de remédier aux inconvéniens que détaille si judicieusement l'Auteur du Spectacle de la Nature. *On a ap-plaudi*, dit l'Académicien de la Rochelle, *à l'action forte, pathétique & intéressante du premier Acte des* Fêtes de l'Hymen, *on y a vû avec transport* Osiris *occupé du bonheur de la Terre :* le second Acte des Talens Liriques *n'est qu'une Harangue militaire, & de quelle force ne l'a-t-on pas trouvé ?*

Il y a lieu de penser qu'un Poëte né avec du talent pourroit abandonner le fiftême de *Quinault*, & entreprendre le changement dont il est ici question, furtout s'il étoit fecondé par un Muficien d'un génie vif & hardi. Le célèbre Abbé *Metaftafio* a fait des Opéra à peu près fur ce plan ; & la plûpart de fes Arrietes ne refpirent que le courage & la grandeur d'ame, en cela différentes des nôtres, où il n'est jamais question que d'amour. Pour M. de *Voltaire*, il ne donne dans fon *Samfon* *. Qu'une idée de cette nouvelle efpèce de Tragé-dies-Opéra ; mais n'est-ce pas déja beau-coup ? C'est un homme fait pour primer dans bien des genres, & pour ouvrir un chemin nouveau dans d'autres qui

------

* Cette Tragédie a été mife en Mufique par M. *Rameau*.

lui sont moins favorables : ses idées sont un germe qui peuvent se développer dans d'autres têtes & produire ensuite d'excellens morceaux; *Si je ne craignois pas*, dit encore M. de Chassiron, *d'exciter le murmure public, je dirois qu'il ne seroit pas impossible de placer sur le Théâtre du Palais Royal, la peinture même de l'amour conjugal, s'il étoit traité avec autant d'art qu'*Euripide *en a employé dans cette Scène admirable où* Admete *reçoit les tendres adieux de la généreuse* Alceste.

Je répete qu'il faudroit pour ces changemens si utiles aux mœurs un grand Poëte, & un habile Musicien. Si cette révolution tentée sous M. *Rameau* n'est pas achevée entièrement, par ce grand homme qui ne peut cependant pas réussir seul, n'espérons point que personne s'avise de se charger d'une pareille entreprise ; elle est dûe à une Musique forte & harmonieuse comme la sienne & dont *Despreaux* auroit été sûrement content. Consolons nous, nous avons le Musicien, le Poëte pourra paroître. L'Auteur du Spectacle de la Nature seroit enfin satisfait, lui qui dit avec tant de raison : *Il est vrai que* Lully, Quinault *& leurs premiers successeurs avoient donné tête baissée dans le plus grand défaut de*

la Mufique , qui étoit de facrifier l'utilité
& la vérité à l'amufement : au lieu d'employer le plaifir pour porter dans l'efprit la
lumière , les fentimens , l'amour de la Patrie , l'eftime des talens , ou des grands
Hommes & le goût de la vertu : ils donne-
rent fouvent de belles apparences à ce qui
étoit le plus propre à pervertir les cœurs ,
defordre, qui conjointement avec celui d'une
verfification flafque & verbeufe, leur attira
tant de reproches de la part du véridique
Defpreaux.

Vous voyez que cet Auteur, épar-
gne moins que perfonne *Lully* & fon
Poëte : quoique je ne puiffe m'empêcher de dire qu'il a raifon , je trouve fa critique un peu trop amère ; il
continue fur le même ton. *Dans le
choix de leurs fujets on leur remarqua peu
de refpect , pour la droite raifon , ils chan-
tèrent les amours des Paladins & les Mé-
tamorphofes des Dieux. Aux vieux Contes
de la Chevalerie & de l'Idolâtrie ils ajou-
tèrent les fadaifes des enchantemens , &
femblèrent prendre à tache de dégouter l'efprit de la fimplicité du vrai, en l'accoutu-
mant à l'enflure & à la pompe des ornemens
merveilleux ; ils affocièrent avec grand ap-
pareil la peinture, les machines , & la
déclamation à leur art : ils mirent tout en*

œuvre pour enyvrer la raison en donnant de beaux semblans, même les dehors de la vertu, à la forfanterie, à la vengeance, à l'adultère, & à tous les vices.

On ne peut s'exprimer avec plus de force contre les abus dans lesquels sont tombés les premiers Fondateurs du Théâtre Lirique. Si M. *Pluche* suivant sa façon de penser doit être un peu sévère dans la morale, il sait du moins parsemer ses sermons de fleurs brillantes, peut-être ne le suivra-t-on pas parce qu'il est trop rigide? mais il n'ennuira pas parce que son stile est aimable & facile.

En attendant la grande réforme qui seroit dûe à M. de *Chassiron. L'Opéra sera toujours,* comme dit M. de Voltaire, *un Spectacle aussi bizarre que magnifique, où les yeux & les oreilles seront plus satisfaits que l'esprit, où l'asservissement à la Musique rendra nécessaires les fautes les plus ridicules, où il faudra chanter des Arriettes dans la destruction d'une Ville, & danser autour d'un Tombeau.*

Malgré toutes ces extravagances qui devroient révolter, l'Opéra enchante, c'est le pays des Fées. Je me souviens toujours de ces Vers du Poëte.

Il faut se rendre à ce Palais magique,
Où les beaux Vers, la Danse, la Musique,
L'art de tromper les yeux par les couleurs,
L'art plus heureux de séduire les cœurs,
De cent plaisirs, font un plaisir unique.

Les réflexions de M. de *Chassiron*, & de M. *Pluche* sont justes, je souhaiterois qu'elles fussent suivies : nous perdrions un peu du côté de la magnificence du Spectacle, & nous gagnerions beaucoup du côté de la raison & des mœurs : mais chacun fera comme M. *Remond de Saint-Mard*, on dira comme lui beaucoup de mal de l'Opéra, peut-être avec moins d'esprit, un moment après on s'écriera. *Déclamez contre l'Opéra*, Monsieur, *étalez votre Saint-Evremont, dites-nous avec cette belle imagination qui nous persuade tout ce que vous voulez, que l'Opéra est un Spectacle monstrueux, nous ne nous en dégouterons point, on ira toujours à l'Opéra. L'Opéra est comme une jolie Femme à qui l'on connoît je ne sais combien de travers, & que malgré cela l'on ne sauroit quitter.*

Parmi les Successeurs de *Lully* qui l'ont plus ou moins imité, je vois d'abord *Colasse*, Auteur de l'Opéra de *Thétis*. Ce Musicien travailloit sous

Lully. *Rousseau* ne l'en a pas respecté davantage : Voilà à quoi les petites réputations sont exposées.

> Toi qui places impudemment,
> Le froid *Pic* au haut du Parnasse,
> Puisse-tu pour ton châtiment,
> Admirer les airs de *Colasse*.

Le même Poëte fait sortir du Tombeau l'ombre du grand *Lully*, pour invectiver ce pauvre *Colasse* qui avoit le malheur, comme bien d'autres, d'être Plagiaire, unique ressource des hommes sans génie,

> Tremble malheureux Plagiaire,
> C'est l'Ombre de *Lully* qui paroît à tes yeux,
> Je viens revendiquer les vols audacieux,
> Que tu m'as osé faire.

Si le Spectre de *Lully* a apparu à tous ceux qui l'ont pillé, jamais Ombre n'a eu plus d'occupation.

Desmarets & *Salomon* jouissent encore aujourd'hui de quelque estime, l'un pour son Opéra d'*Iphigénie*, auquel le fameux *Campra* a eu bonne part ; l'autre pour sa *Médée*, où se trouve un *Quatuor* admirable.

Monteclair, & sa Tragédie de *Jephte*

ne mourront jamais. On dit que plufieurs morceaux de cet Opéra n'auroient
pû être exécutés du tems de *Lully* par
rapport à leur difficulté, ce qui prouve
en paffant que notre fiècle pour la Mufique l'emporte de beaucoup fur le dernier. *Jephté* eft encore moins travaillé
qu'*Hippolite & Aricie*, nous faifons de
jour en jour des progrès nouveaux.

    Campra, ce génie brillant & fécond,
qui a également réuffi dans les Opéra
& les Motets, doit être regardé comme
un de nos plus grands Muficiens. *Héfione*, les *Fêtes Vénitiennes*, l'*Europe Galante*: Voilà des ouvrages immortels. La
renommée de ce grand Maître a fait
dire à M. de *Voltaire* dans une Epître
à Madame de *Fontaine-Martel*.

      Au Curé préférant *Campra*,
      Vous avez Loge à l'Opéra,
      Au lieu d'un Banc dans la Paroiffe.

    Mais en même-tems je fuis bien
étonné de trouver en notte dans la dernière Edition des Œuvres de notre
Poëte, *Campra Muficien qui a fait de
jolis Opéra*. Quoi *Tancrede* ne fera plus
qu'un joli Opéra ! M. *Rameau* affure
que c'eft un chef-d'œuvre, & il s'y connoît.

Destouches plaira toujours : les reproches qu'on lui a faits avec raison de n'être point savant , ne l'empêcheront pas d'enchanter l'ame , *Issé*, *Amadis de Grece*, le *Carnaval & la Folie*, ont bien des charmes & sont remplis de ces chants mélodieux qu'on ne sauroit trop admirer.

Mouret, si gai, si vif, a brillé long-tems au Théâtre Lirique , où l'on représente encore sa *Provençale* & ses *Amours des Dieux*. La Comédie Italienne se souviendra long-tems de ses excellens Vaudevilles , personne n'a eû cette partie comme lui. Il est bon de rappeller ici les Vers de M. de *Voltaire*. D'un coup de pinceau il caractérise ces trois Musiciens.

Sur les pas du plaisir je vole à l'Opéra,
   J'applaudis tout ce qui me touche,
   La fertilité de *Campra*,
La gayté de *Mouret*, les graces de *Destouche*.

A ces Maîtres , Monsieur, ont succédé des Musiciens aimables , qui plaisent beaucoup à la Nation. Mrs. *Rebel* & *Francœur*, doivent à leurs talens les places honorables qu'ils occupent : leurs ouvrages & les applaudissemens du Public font en commun. Après avoir réuffi dans *Pirame & Thisbé*, ils ont fû mettre le dernier fçeau à leur réputation par ce joli tableau de *Zélindor* qui me rappelle auffi toute la délicateffe du pinceau de M. de *Moncrif* Auteur des Paroles. Mrs. *Rebel* & *Francœur* ont l'infpection de l'Opéra, & fe trouvent auffi tous deux Surintendans de la Mufique du Roi. C'eft-là où ils déployent ce talent rare de former la voix & de donner le vrai goût du chant fi difficile à faifir, & dont pourtant il y a tant de Maîtres. Enfin ces deux Muficiens fe font connus dès leur jeuneffe, ne fe font jamais féparés, ont combattu & triomphé enfemble, ils font les *Orefte* & les *Pilade* de la Mufique.

M. de *Blamont* à qui un mérite reconnu a valu des décorations flateufes, a l'heureux talent de plaire par une Mufique galante qui ne laiffe rien à défirer dans ce genre. On fe fouviendra toujours des *Fêtes Greques & Romaines*, par ce qu'on s'eft toujours plû à les entendre. La Mufique, ainfi que notre Littérature, a quelques grands génies, & beaucoup de jolis efprits : l'Opéra des *Caractères de l'Amour* eft fans contredit l'ouvrage d'un Muficien plein d'efprit.

Le

Le fécond Mr *Boifmortier* n'eft pas de trop dans la lifte des Compofiteurs ; il auroit une réputation fans mélange , s'il avoit eu la difcrétion de ne publier qu'une partie de fes Ouvrages : mais quoique l'on en dife , il a compofé des chofes lègeres & aimables , & fon Opéra de *Daphnis* & *Chloé* n'a pas déplû : il eft vrai que les paroles ont beaucoup contribué à la réuffite de cette Paftorale. Au refte , tout ce qu'il a donné au public s'eft vendu rapidemment. Il eft venu dans le bon tems ; on étoit affamé de ces badinages agréables , qui font un très-joli effet fur les Flutes & les Mufettes : il a profité de la mode courante , & s'eft fervi doublement de fon genie.

Monfieur *Royer* , fi connu par l'Opera de *Zaïde* & par fes fuccès fur le Claveffin , met de l'ame & du feu dans fes compofitions. Il eft chargé de la conduite du Concert fpirituel , & il femble infpirer toute fa vivacité aux habiles gens qui le compofent. Par le choix des fujets , par l'heureux mélange des morceaux qu'il offre au public , il peut être regardé comme le reftaurateur d'une efpèce de fpectacle , qui n'ayant point l'illufion du Théatre , ne peut fe

I. Partie   C

soutenir que par des chef-d'œuvres. Mr *Royer* sait dans l'occasion les fournir lui-même, mais toujours sous un nom d'emprunt; il a trop de merite, & trop de renommée, pour se repentir d'être modeste.

LETTRE III.

Sur Mr Rameau.

IL y a des gens qui voudroient, Monsieur, que nous n'euſſions point d'autre Muſique que celle du dernier ſiécle. Ils crient après les difficultés : de combien de chef-d'œuvres ne ſerions - nous pas privés ſi on les eût écoutés ? Le biſarre n'eſt point à rechercher dans aucun talent, mais peindre avec énergie, c'eſt élever un Art au-deſſus de lui-même. Voilà ce qui étoit reſervé à notre ſiècle, voilà ce que de connoiſſeurs médiocres ne ſentent pas, & ce qui fait l'étonnement de l'Europe les revolte. Mr *Rameau* eſt ce Peintre ſublime, & l'éloge commence à lui : je ne connois de grands crayons que les ſiens. J'aime les autres Muſiciens, mais mon admiration eſt pour lui ſeul ; je lis avec beaucoup de plaiſir dans le *Parnaſſe François* à l'article de la Muſique, qu'on doit louer tout ce qui eſt digne de l'être, qu'il ne faut pas, parce qu'on eſt partiſan de *Lully*, diminuer les talens ſuperieurs de son rival. Soyez sensible à tout ce qui est beau ; c'est d'un plaisir passer à un autre , & c'est étendre la carrière des Arts que quelques envieux ne cherchent qu'à retressir , faute de la pouvoir courir. Un artiste ordinaire se contente de marcher dans le chemin qu'on lui a frayé ; la portée de sa vûe ne va pas plus loin. Un homme vigilant & laborieux , franchit les bornes prescrites , le génie lui prête des aîles, & la nouvelle route dans laquelle il entre , le dérobe aux yeux du vulgaire.

Dans tous les ouvrages produits par l'imagination , il faut s'attendre à des changemens. M. de *Voltaire* a raison de dire , *Que presque tous les ouvrages des hommes changent ainsi que l'imagination qui les produit , & que dans tous ceux qui dépendent purement d'elle , il y a autant de revolutions que dans les états. Ils changent* , continue-t'il , *de mille manières , dans le tems même qu'on cherche à les fixer.* Qui effectivement n'auroit pas crû que la Musique étoit arrivée sous *Lully* à son dernier dégré ? Auroit-on deviné combien il lui manquoit encore de choses ? M. *Rameau* l'a démontré par des succès , & presque tout le monde le croit à présent , si vous ex-

cceptez ceux qui ont des raifons parti-
culières pour fermer les oreilles.

En Italie, le Temple de la Mufique,
il y a eu auffi de grandes révolutions
dans cet Art. Les Italiens ont quelquefois trop ofé : c'eft le cri public. Cependant quoique leur Mufique d'apréfent
foit fort différente de celle de *Chariffimi*,
elle fait pourtant les délices de prefque
toute l'Europe, & toute l'Europe ne
peut pas fe tromper en matière de goût.
Un François, dit un écrivain célèbre,
*accoûtumé à nos Opéra, ne peut s'empêcher
de rire la première fois qu'il entend du
recitatif en Italie ; autant en fait un Italien à l'Opéra de Paris, ne confiderant
point que le recitatif n'eft autre chofe qu'une
déclamation notée, que le caractère des
deux Langues eft très - différent, que ni
l'accent, ni le ton ne font les mêmes.* Les
François & les Italiens ont à prefent
plus d'union entre eux, depuis que M.
Rameau a fçu joindre la brillante vivacité de la Mufique Italienne aux charmes inexprimables de la Françoife. Quel
projet ! Mais auffi quel génie que notre
Orphée !

N'eft-il pas fingulier que ce grand
homme après tant de veilles, tant de
travaux, ait effuyé la mauvaife humeur

d'une partie de la nation ? Les mauvais procedés, font-ils donc faits pour ceux qui font notre gloire ? C'eſt en rougiſſant que je lis dans les ouvrages du veridique M. de *Voltaire*, Rameau *a eu un parti contre lui qui auroit voulu l'exterminer*. D'un autre côté qu'il eſt conſolant pour notre Orphée, de ſe voir recherché, admiré par toutes les perſonnes que le goût conduit, & qui font perſuadées qu'une Muſique qui ne peint rien, eſt une Muſique morte ! Tout le monde fait de quel œil il eſt regardé dans cette maiſon, qu'on peut appeller le Temple des Muſes & des Arts. Elle n'eſt pas moins le Palais de *Plutus*, mais le génie & les ſentimens du Maître font au-deſſus de toutes ſes richeſſes. L'opulence ſans eſprit, attire des curieux, fait naître des adulateurs ; l'eſprit avec l'opulence, diſcerne les talens, les admet, en profite, & les recompenſe ; il eſt inutile de nommer ici M. de la P.. on le reconnoît aiſément ; la louange, fille de l'intèrêr, a je ne ſai quoi de fardé & de ſuſpect. Heureux celui dont on peut faire l'éloge avec ſincèrité

Malgré les baſſes intrigues d'une Cabale nombreuſe, il eſt arrivé à M.

Rameau ce qui n'étoit encore arrivé à aucun Muficien. Six de fes Opera ont été repréfentés fans interruption dans le cours d'une année; on a joué de fuite, les *Talens Lyriques*, *Zaïs*, les *fêtes de l'Himen & de l'Amour*, *Pygmalion*, *Platée*, *Naïs*, & le Théâtre n'a jamais été frequenté avec tant d'affiduité. J'ai vû des gens au defefpoir de cet évenement fi favorable à M. *Rameau* : ils convenoient avec peine de la fuperiorité de fa Mufique, où l'on découvre tous les jours quelque trait faillant & nouveau, à peu près comme dans ces Cabinets de curiofités immenfes qui offrent à la vûë tant de richeffes, qu'il faut des années pour tout voir & tout admirer.

La reprife de *Pygmalion* a terraffé la Cabale. Voilà ce qu'on lit dans le Mercure d'Avril 1751. *On n'avoit point encore vû un défir fi vif, fi marqué, une préférence fi décidée pour les ouvrages d'un Auteur vivant, que celle que le Public a montrée dans cette circonftance pour la Mufique de notre Orphée. Un moment avant que l'on commençât, la joie de toute l'Affemblée s'exprima d'une manière très-vive. L'ouverture ranima ces démonftrations, & chacun des morceaux de cet Ouvrage faillant fut applaudi univerfelle-*

ment *avec une espèce de transport.* Je crois placer ici très à propos une fort jolie Piéce faite à l'occasion de *Pygmalion*, j'ignore le nom de l'Auteur.

Un connoisseur amateur du vrai beau
Enchanté des beautés de ton Ballet nouveau,
     L'esprit étonné, l'ame émuë,
S'écrioit en voyant s'animer la statuë :
     » Tu te trompes, *Pygmalion*,
» Ce n'est point de *Venus* la puissance suprê-
          me,
» Qui vient de donner l'ame à ce que ton
          cœur aime ;
» Rend graces aux accords d'un nouvel *Am-
     phion*,
» A son Art enchanteur tu dois tout ton
          hommage,
     » Lui seul anime ton ouvrage.
     Savant *Rameau*, telle est l'illusion,
     Que fait sur nous ta divine harmonie,
Elle charme nos sens & séduit nos esprits,
     Au point de n'être pas surpris,
Qu'au Marbre elle ait donné la vie.

M. de *Voltaire* dans ses Poësies sem-
ble d'abord annoncer M. *Rameau*, qui dans ses premiers Opera a eu tant d'adversaires à combattre. On lui faisoit presque un crime de reussir, on applau-

diffoit en fécret à fon génie lumineux,
& il n'étoit pas encore permis de le
louer tout haut, tant le préjugé pour
l'ancienne Mufique étoit puiffant. Belle
leçon pour ceux qui courent la carriere
des Arts ! Qu'ils fe rappellent fans ceffe
que M. *Rameau* a long-tems travaillé
pour des ingrats ; qu'au milieu des fuccès les plus éclatans, il étoit en butte
aux traits les plusnoirs, pendant que tel
Auteur, malgré fes chûtes & fes difgraces
vivoit tranquille. Si le veritable mérite
doit être perfécuté, c'eft un fatal préfent
de la nature. Lifez, Monfieur, les Vers
de M. de *Voltaire*, ils rappellent la naiffance de la Mufique moderne. Le Poëte
fuppofe un homme extrêmement riche,
qui en conféquence a l'heureufe facilité
de voler de plaifirs en plaifirs.

Mais du Logis j'entends fortir le Maître,
Un Char commode avec graces orné,
Par deux chevaux rapidement traîné,
Paroît aux yeux une maifon roulante,
Moitié dorée & moitié tranfparente ;
Nonchalamment je l'y vois promené,
De deux refforts la liante foupleffe,
Sur le pavé le porte avec moleffe ;
Il va fiffler quelque Opéra nouveau ;
Ou malgré lui court admirer *Rameau*.

C v

Dans sa belle Epitre à un Ministre d'Etat sur l'encouragement des Arts, il nous fait voir M. *Rameau* dans sa gloire : les ennemis sont dispersés, la nation l'admire, & les Grands le protegent. Voici comme il parle au Ministre éclairé.

Toi qui mêlant toûjours l'agréable à l'utile,
Des plaisirs aux travaux passas d'un vol agile ;
Tu sais de Melpomene animer les accens,
De sa riante sœur chérir les agrémens,
Proteger de *Rameau* la profonde Harmonie.

Enfin M. de *Voltaire* pour assurer d'avantage le triomphe du plus grand de nos Musiciens, adresse la parole à tous les insectes orgueilleux du Parnasse, qui s'efforcent de flétrir les talens les plus recommandables. Par un seul Vers il les écrase & les confond.

Mais pour siffler *Rameau* on doit être un Orphée.

Après *Hipolite & Aricie*, les *Indes Galantes*, les *Talens Lyriques*, *Pigmalion*, *Platée*, vrai chef-d'œuvre de Musique, il sembleroit qu'il n'y auroit plus rien à désirer. Pour moi je le crois,

ainfi. M. l'Abbé de B.. fouhaite pourtant encore quelque chofe : il s'exprime avec trop de délicateffe pour lui
faire un procés là-deffus ; & puis on ne
plaide pas de bon cœur avec ceux qu'on
eftime véritablement. Je dirai donc feulement , que fes défirs ne feront jamais
accomplis, du moins il y a grande apparence. D'ailleurs, (& que M. l'Abbé
de B. m'excufe de parler ainfi,) naîtroit-
il des beautés de la confufion, plutôt que
de l'union de deux genres oppofés ?
Lifez les Vers de cet Académicien.

Plût aux neuf Sœurs qu'un Amphion nouveau,
Avec *Lully* confiliât *Rameau* ;
Que, baniffant l'envie & la fatyre ,
On accordât les accens de leur Lyre.
Le Dieu de Gnide & le Dieu des Concerts ,
Ont infpiré ces deux Chantres divers.
L'un de bon goût, protecteur & modéle ,
Eft de nos cœurs l'interprête fidéle ;
L'autre échauffé par le concert des Corps ,
Rend avec feu leurs phyfiques accords.
Que de l'amour l'un chante les Ravages ,
L'autre les Mers, la Foudre & les Orages.

L'admirable Opéra de *Zaïs*, dont la
Symphonie galante & voluptueufe , eft
au-deffus de tout éloge , & dans lequel

se trouve sur-tout cette ouverture neuve
& pathetique , qui peint le débrouille-
ment du cahos & le choc des élemens :
cet Opéra m'a inspiré des Vers que j'ose
aujourd'hui faire imprimer. Il faut être
né Poëte , dit-on : l'espéce commence
à manquer , je profite de l'intervalle.

Au séjour des éclairs ,
Rameau va dérober tout le feu de ses Airs ;
Vaste & puissant génie un Dieu monte ta Lyre ;
O puissance des Sons ! ô sublime délire !
Anime l'Univers , débrouille le cahos ,
Fai retentir la Foudre , & souleve les Flots ;
Appaise l'Aquilon , dissipe les nuages ,
Pour la sensible oreille il est donc des images !
Couronnés les efforts de ce Peintre nouveau ,
Confiés à ces mains votre savant Pinceau ;
Dieu des Arts , que tout céde à ses couleurs
brillantes ,
Avec quelle ame il rend ses figures vivantes
Il fait aussi dans un cœur agité ,
Faire regner la tendre volupté.
Créateur de ton Art , & successeur d'Orphée ,
Rameau malgré ses cris , voi l'Envie étouffée ;
La Cabale mourante à tes pieds se soumet ,
Au milieu des neuf sœurs sied-toi sur le sommet ,
Et laisse murmurer aux fanges du Parnasse ,
L'ignorance en courroux , & la fougueuse au-
dace.

C'eft fans doute pour notre grand Muficien que M. d'*Alambert* a dit dans fa Préface de l'Encyclopedie : *Il eft vrai qu'un Muficien attentif à tout peindre, nous préfenteroit dans plufieurs circonftances des Tableaux d'harmonie qui ne feroient point faits pour des fens vulgaires ; mais tout ce qu'on en doit conclure, c'eft qu'après avoir fait un Art d'apprendre la Mufique, on devroit bien en faire un de l'écouter.* On trouve dans le même Ouvrage, Monfieur, un éloge de M. *Rameau*, que je rapporte ici avec d'autant plus de fatisfaction, qu'il eft fait par un Philofophe ami de la vérité, & qu'un préjugé mal entendu n'a jamais conduit dans fes décifions. »» La Mufique, dit-il, eft » peut-être de tous les Arts celui qui »» a fait depuis quinze ans le plus de »» progrès parmi nous, graces aux tra- »» vaux d'un Génie mâle, hardi & fé- »» cond. Les étrangers qui ne pouvoient »» fouffrir nos Symphonies, commen- »» cent à les goûter, & les François pa- »» roiffent enfin perfuadés que *Lully* »» avoit laiffé dans ce genre beaucoup »» à faire. M. *Rameau* en pouffant la pra- »» tique de fon Art à un fi haut dégré »» de perfection, eft devenu tout en- »» femble le modéle & l'objet de la

» jaloufie d'un grand nombre d'Artiftes
» qui le décrient en s'efforçant de l'imi-
» ter ; mais ce qui le diftingue plus par-
» ticulièrement , c'eft d'avoir réfléchi
» avec beaucoup de fuccès fur la Théo-
» rie de ce même Art, d'avoir fu trouver
» dans la Baffe fondamentale le princi-
» pe de l'Harmonie & de la Mélodie.
» Je faifis avec empreffement l'occafion
» de célébrer cet Artifte philofophe ,
» dans un difcours, deftiné principale-
» ment à l'éloge des grands hommes.
» Son mérite, dont il a forcé notre fié-
» cle à convenir, ne fera bien connu
» que quand le tems aura fait taire l'en-
» vie, & fon nom cher à la partie de fa
» nation la plus éclairée, ne peut bleffer
» ici perfonne ; mais dût-il déplaire
» à quelques prétendus Mécenes , un
» Philofophe feroit bien à plaindre fi
» même en matiére de fcience & de
» goût il ne fe permettoit pas de dire
» la verité.

Je veux vous faire part, Monfieur, d'un parallele entre *Lully* & M. *Rameau.* Comme perfonne ne l'a fait avant moi ; je me veux du bien de l'avoir tenté : j'avoue en commençant que j'ai un égal refpect pour ces deux célèbres Rivaux, dont le nom fera immortel.

Lully né Muficien , ne veut paler
qu'au cœur , & femble négliger toutes
les combinaifons dont l'Art eft fufceptible ; *Rameau* , génie neuf & hardi ,
parvenu par un travail infatigable
au point où nous le voyons , éleve
l'ame , & fe prête auffi quelquefois à
ces beautés tendres & naïves , qui ne
font pas cependant tout le mérite du
premier. L'un fait attendrir , eft plus
fimple , toujours parfait , imitateur de
la nature; l'autre étonne, eft plus chargé
d'ornemens, a l'art merveilleux de tout
peindre. Chez le premier la Mufique
eft aimable, flateufe , difons même un
peu effeminée ; chez le fecond , elle eft
vive , foudroyante , & majeftueufe. Ce
n'eft pas que *Lully* ne foit jamais grand,
& que *Rameau* n'ait jamais compofé de
morceaux voluptueux ; nous parlons de
la principale manière par laquelle un
grand Artifte femble mettre fon fçeau
à l'ouvrage. Les recitatifs de l'un , la
beauté de fes chants , rendront toujours
fa mémoire prétieufe ; les recherches ,
le travail , la profonde harmonie , font
le caractère dominant de l'autre , &
lui ont attiré une réputation à l'épreuve
de tout évenement. Il ne faut qu'avoir
du goût pour applaudir à l'Auteur d'*Atys*;

il faut être connoiffeur pour fentir le rare mérite de celui des *Indes galantes.* Celui-ci eft auffi grand chez les étrangers que dans fon pays ; celui-là eft plus aimé des François que des autres peuples de l'Europe. Enfin *Lully* eft un homme admirable, fon génie eft beau, fa touche eft aifée ; *Rameau* eft un homme furprenant, il caractèrife tout, rien n'échappe à fon pinceau fublime ; tous les deux pafferont jufqu'aux fiécles les plus reculés.

Depuis *Lully*, fi vous exceptés les belles paroles de *Thetis* & des *Elemens*, nos grands Opèra ne brillent que par la Mufique de M. *Rameau.* Sans doute que ce grand Muficien n'eft pas fait pour partager fa couronne avec perfonne. M. de *Cahufac* a beaucoup de mérite, l'Abbé *Pellegrin* avoit de la fécondité, M. *Fufelier* eft plein d'efprit, M. de *Voltaire* eft le Héros de notre littérature, mais pas un d'eux dans les ouvrages qu'ils ont fournis à notre Orphée, n'a égalé fon mérite, fon feu & fon impétuofité. Auffi le Laurier dont quelques branches au moins devoient appartenir à ces Poëtes, lui eft refté tout entier.

Je crois donc avec M. l'Abbé *de la*

Porte, dont les obfervations font pleines de raifon & d'efprit, *que la Mufique eft le fond véritable de l'Opéra.* Quoique ce ne foit pas le fentiment de M. *Roy*, qui, felon le judicieux Obfervateur, *malgré fa réputation, fa connoiſſance profonde de la Fable, fon amour pour Ovide, & fon anthipathie pour la Mufique de M. Rameau, ne va que de chûte en chûte.* Je ne rappellerai pas ici tous les * Opéra malheureux de M. Roy, il fait trop bien ce qu'il vaut pour n'être pas touché de tant de chûtes éclatantes ; il devroit être inconfolable s'il n'étoit pas l'Auteur des Elémens. Ah ! Monfieur Roy, au lieu de perdre votre tems à critiquer *Rameau,* que n'avez-vous travaillé avec lui ? Vos ouvrages vivroient toujours : vous voyés aujourd'hui que tout votre zéle pour l'ancien Théâtre ne vous fert à rien. *Rameau* triomphe : je plains votre fituation, elle eft cruelle. *Eft-ce une fenfation réelle d'un plaifir fondé fur le goût qui a changé la face du Théâtre lyrique ? Eft-*

---

* Si quelques Opéra de cet Auteur n'ont pas eu autant de fuccès à leur reprife que dans leur naiffance, on ne doit s'en prendre qu'à la Mufique. M. *Roy* eft le *Quinault* du fiècle.

ce un caprice qui cause cette révolution ?
C'est une question que se fait M. l'Abbé
de la Porte ; voilà sa réponse, qui me
paroît convaincante & sans réplique.
*Si c'est un caprice, un feu léger que la
mode a allumé, qu'une nouvelle mode peut
& doit éteindre, d'où vient que dix-huit
ans de soins, de lamentations, de cris de
la part de tous les Partisans de l'ancien
Théâtre, n'ont pas pû venir à bout de dif-
siper ce foible nuage ?*

Qu'on ne s'avise plus de dire que le
goût s'est perdu : ce font les lieux com-
muns de l'ignorance & de l'entétement ;
qu'on dise plutôt que le goût s'est per-
fectionné, & cela par une raison fimple. *Lully* tout grand homme qu'il fût,
n'a pû tout faire ; il a vû les commencemens, le progrès, & non pas la perfection totale de son Art ; la Musique
seule parmi toutes les sciences, auroit
eu ce privilège, ce qu'il est absurde de
penser. M. *Rameau*, aussi grand homme
que *Lully*, ne la point imité. Ce n'est
pas qu'en se bornant à l'imitation, il
n'eût été fort applaudi comme bien
d'autres, & sans tant de difficultés,
mais il a voulu travailler pour la posté-
rité. Ainsi creusant pour ainsi dire la
mine, il a trouvé des veines plus riches

& plus prérieuses que les premières. On
ne l'a pas crû d'abord, il ne s'est point
rebuté. Artiste infatigable, par un travail pénible & glorieux, il a fait l'ana-
lyse de cet Art si étendu, si vaste, il
en a développé tous les principes, &
le sécret est à lui. C'est avec de profon-
des méditations qu'il l'a payé. Qu'est-
il arrivé ? C'est M. l'Abbé *de la Porte*
qui va vous l'apprendre. *Tous les*
secours, tous des soins, le zéle des
Acteurs, les Epigrammes, les Satyres,
les Estampes, les plaisanteries, les bons
contes, ont été mis en usage pour ruiner
le nouvel Edifice & pour étayer l'ancien;
on gratte, on recrépit, on pare autant qu'on
peut la vieille Masure, elle ne s'écroule
pas moins de toutes parts. J'adresse à tous
ces hommes envieux d'un mérite qui
les désespere, ces beaux Vers du *Virgile*
François.

Cœurs jaloux, à quels maux êtes-vous donc
     en proye ?
Vos chagrins sont formés de la publique joye:
Convives dégoutés, l'aliment le plus doux,
Aigri par votre bile est un poison pour vous.

C'est à cette jalousie que le magnifique Opéra de *Zoroastre* a été sacrifié.
Les Acteurs ne sont-ils pas malades

quand ils le veulent ? Efperons, de revoir au plutôt cette célèbre Tragédie dans tout fon éclat. On l'a dit encore embellie par des corrections que fon illuftre Auteur a jugé à propos d'y faire.

Pour mettre les curieux à portée de juger du mérite des plus grands Peintres, des *Raphaels*, des le *Bruns*, des le *Sueurs*, des *Rubens*, il faut leur faire obferver la touche favante & le bel enfemble de tel Artifte, l'exactitude & la correction du deffein de celui-là, la touchante expreffion de celui-ci, le pinceau fier & majeftueux de l'un, l'admirable coloris de l'autre. On entre enfuite dans le détail de chaque Tableau, on examine l'attitude des principaux perfonnages, les différentes paffions qui les agitent, le ton, les nuances, le principe de vie dont la toile eft animée. Quel fpectacle pour les yeux !

Je veux aujourd'hui, Monfieur, vous tranfporter dans une Salle magique; il faut vous imaginer entendre cent Muficiens : c'eft à vos oreilles auxquelles je vais offrir les Tableaux d'un autre le *Brun*, & d'un autre *Rubens*. Un Peintre tel grand qu'il foit, ne caufe que des émotions douces; un Muficien

comme M. *Rameau* , remue & tranfporte l'ame ; vous allez trouver de la
variété dans l'invention , & de la force
dans l'exécution : tout eft vivant & ca-
ractèrifé.

Soyez attentif à ce premier Tableau ,
c'eft le fecond acte d'*Hipolite* & d'*Aricie.*
Les Enfers s'ouvrent , j'entends les cris
lugubres des coupables , les hurlemens
des Parques , les Démons font déchaînés. Que l'image de la Furie avec *Thefée* eft effrayante ! Que de verité dans
l'expreffion : Vous êtes faifi , & l'impreffion que font les fons fur votre oreille , paffe jufqu'à votre ame & la rem-
plit d'horreur. Au troifième Acte , le
Monologue de *Thefée* , fon invocation
à Neptune , & le foulevement des flots
augmentent votre trouble. La Peinture
n'exprimeroit cés Images qu'imparfai-
tement , parce que la toile toute vivan-
te qu'elle paroiffe , eft toujours muette ,
la Mufique parle.

Au quatrième Acte , le bruit des
Cors , les Symphonies brillantes invi-
tent à prendre le plaifir de la Chaffe ,
vous croyez être au milieu des Forêts.

Cette Tragèdie fut repréfentée le premier Octobre 1733 : ce fut le coup
d'effai de notre Orphée.

Ses pareils à deux fois ne se font point con-
    noître ,
Et pour des coups d'essai veulent des coups
    de Maître.

Les partisans de l'ancien Théâtre vouloient étouffer cette nouveauté. Un
Poëte se mit à leur tête, publia quelques Epigrammes, qu'on ne connoît
guères plus à présent que ses autres ouvrages. Les mauvais Vers sont oubliés,
& l'admirable Opéra nous reste. Le public connoisseur, lui fit beaucoup d'accueil, quoique ce fût une espéce de
crime dans ce tems-la, de donner de la
Musique difficille à exécuter : les plus
sévéres critiques convinrent pourtant
qu'elle étoit mâle, harmonieuse, &
d'un caractère neuf. Il faut joindre aux
Tableaux que je viens de vous offrir,
l'entrée des Amours au Prologue, le
Chœur & la Symphonie du Tonnerre,
ce dernier morceau est d'une beauté
sublime. On a lieu de regretter le *Trio*
des Parques, qui par l'attention singuliére qu'il demande pour l'exécution,
n'a pû être entendu à l'Opéra tel que
l'Auteur l'avoit fait d'abord. Ce *Trio*
affecte tellement les sens, que les chevaux se hérissent ; il n'y a point de terme

pour bien rendre tout l'effet qu'il produit, c'est au-deſſus de l'agitation, de
l'effroi, de la terreur ; il ſemble que la
nature s'anéantiſſe, & que tout aille
périr. Il eſt dans le genre compoſé,
qu'on appelle * *Diatonique enharmoni-
que.*

Qu'entend-je ? C'eſt le Monologue
de *Caſtor & Pollux, triſtes apprêts.* A
ce Monologue ſuccéde celui de *Darda-
nus, lieux funébres.* Les couleurs propres avec leſquels ces Tableaux ſont
peints, doivent les rendre chers aux
gens de goût. Otez les paroles, la Muſique n'exprime pas moins les accens
de la douleur & les rigueurs d'une pri-
ſon cruelle. Vous ne pouvez rien chan-
ger, rien ajouter, tout eſt à ſa place.
Voilà la véritable Muſique, l'ancienne
n'étoit que ſon ombre.

Soyez attentif, Monſieur, au grand
Tableau que vous préſente le fameux
Ballet des *Indes galantes.* Le Ciel s'obſ-
curcit, le Tonnerre gronde, Neptune
eſt en fureur ; entendez les Flutes, elles
expriment le ſifflement des vents, la
Tempête augmente, les éclats de la Fou-

---

* Voyés la démonſtration du principe de
l'Harmonie, page 94.

dre redoublent, l'impétueux Borée agite les Airs, la mer au loin mugit.

Et le feu des éclairs, & l'abyme des flots, Montrent par tout la mort aux pâles Matelots.

Déja l'orage s'appaife, le Ciel devient ferain, l'onde eft plus calme ; on aborde, les Matelots expriment leur joye ; cette Fête animée pas deux Tambourins charmans, finit par *Regnez amour*, une des plus brillantes Cantatilles de M. *Rameau*.

Autre Tableau dans l'Acte des *Incas*. Le Soleil eft la Divinité du pays, on fe profterne devant lui, on l'implore. Qne de majefté dans cette adoration ! J'entends le Chœur, *brillant Soleil*. Quelle magnificence dans l'expreffion, quelle majeftueufe grandeur dans le deffein !

Cet Opéra admiré dans fa naiffance, a été écouté & applaudi avec tranfport toutes les fois qu'on l'a remis au Théatre. Tous les Airs du Prologue, l'ouverture même ont été parodiées incontestable preuve du fuccès.

Pourroit-on ne pas aimer cette légère & charmante Arriete, *Amans furs de plaire*, la fierté de la *Polonoife*, la douceur & le chant agréable de la *Mufette*

&

& du chœur qui l'annonce ? Tel pré-
venu que l'on soit pour l'ancienne Musique, est-on maître de ne pas goûter
le divertissement de l'Acte des Fleurs,
& sur-tout la Sarabande de la *Rose* ?

L'Acte des *Sauvages* si universelle-
ment estimé, renferme les chants les
plus agréables & les plus variés. Rien
de commun, tout y est heureux, &
de la plus grande beauté.

Ecoutez, Monsieur, l'Air neuf &
singulier des *Sauvages*, il sert d'accompagnement au *Duo* & à ce chœur si bien
imaginé ; l'invention en est heureuse &
unique. Que ne pourroit-on pas dire de
la *Chaconne*, qui termine cet Acte admirable ? L'Harmonie & la Noblesse
sont déja un grand mérite, mais c'est
sur-tout la varieté dont elle est remplie
qui la distinguera de toutes les pièces en
ce genre, dans lesquelles on trouve
communement assez de Monotonie. Un
génie créateur est exempt de ce défaut.

Le prodige que vous offre le Ballet
des *Talens Lyriques*, est au-dessus de
tout Tableau. Je vois *Tirtée* envoyé au
secours des Lacédemoniens contre les
habitans de Messene ; ses chants inspi-
rent une ardeur guerrière aux Soldats ;
ils volent au champ de Bataille, &

I. Partie.   D

remportent la victoire. Ce miracle peint avec tant de force dans *Plutarque* , est renouvellé de nos jours par la Musique séduisante de notre *Orphée*.

Cet Opéra a toujours été remis au Théâtre avec ce succès marqué , auquel M. *Rameau* doit toujours s'attendre. On prétend que c'est un des plus beaux ouvrages de ce grand homme ; tout y est également soutenu , les Tableaux en sont agréables & rians , & plusieurs sont dans le goût de l'*Albane*. A une des représentations , lorsque notre illustre Auteur parut, c'étoit en 1748 , le public lui prouva l'estime qu'il avoit pour lui par des applaudissemens réiterés ; cela auroit dû adoucir certain Poëte envieux & jaloux.

On ne peut trop admirer le divertissement du troisiéme Acte : c'est la plus gracieuse Bergerie qui soit au Théâtre Lyrique ; où trouver autant de douceur , de délicatesse & d'aménité ? Ce joli Tableau est fait avec le pinceau des Graces.

Ici ce sont les Fêtes de l'*Himen & de l'Amour* ; le célèbre Compositeur expose toutes les richesses de l'Harmonie. Le Nil se déborde , les peuples vont être submergés ; la rapidité des flots , les cris & les gémiffemens, tout eft exprimé par la force & la majefté des accords. Mais des images plus riantes & plus agréables fe préfentent à nous, j'entends cette incomparable Mufette, *Ma Bergere fuyoit l'amour*, & fon chant gracieux vous tranfporte de plaifir. Cet Opéra a été repréfenté à la Cour pour le fecond mariage de Mr le Dauphin, & a mérité tous les fuffrages.

Dans *Pygmalion* une ftatue s'anime, fon éducation eft confiée aux Graces, tout refpire la volupté. Là c'eft *Naïs*, le Ciel eft en feu, les Titans font foudroyés, Jupiter triomphe. Dans *Zoroaftre*, la puiffance de la magie eft déployée; admirez l'énergie de la Mufique! Que le pinceau du Peintre inimitable eft fort & hardi! De pareils traits décelent fa touche fublime.

La *Guirlande*, cette aimable Paftorale, & le dernier Opéra d'*Acante & de Céphife*,

N'ont rien qui dégènere,
Rien qui les faffe croire enfans d'un autre pere.

L'ouverture d'*Acante* eft un Tableau de la plus grande manière, elle me rappelle les grands efforts d'imagination de l'étonnant *Milton*. Tout le feu de l'Ar-

tillerie se trouve dans ce morceau neuf
& unique. Le bruit des Canons, l'éclat
des Bombes , la rapidité des Fusées ,
le Ciel étincelant , le tumulte , les cris
de joye , tout est peint avec les couleurs
les plus mâles. L'envie elle-même est
obligée d'admirer la savante fertilité du
Raphael de la Musique. L'Envie , ce
monstre affreux , est donc susceptible
d'admiration ? Oui , mais on paye bien
cher ce sentiment qui lui est étranger ,
& de son souffle impur il flétrit les fleurs
les plus brillantes. Ce Monstre , est de
l'aveu d'un grand Poëte , qui a souvent
éprouvé ses cruelles atteintes ,

Le plus lâche à la fois & le plus acharné :
L'orgueil lui donna l'être au sein de la folie.
. . . .
Le mérite étranger est un poids qui l'accable,

Je me garde bien de faire entrevoir
à qui ces Vers-là peuvent convenir ,
c'est au public à en faire l'application.

Les paroles de cet Opéra n'ont pas
été reçues favorablement du public ;
elles sont pourtant d'un Auteur dont
les essais heureux , sembloient promet-
tre dans la suite les plus beaux morceaux. Il n'est pas possible qu'avec son
mérite nos espérances soient long-tems

trompées : il eſt peut-être tout près d'un triomphe.

On a obſervé avec raiſon que lorſque notre fameux Muſicien paroiſſoit ſeul dans *Acante & Cephiſe*, il étoit alors un grand Maître ; mais que dans les endroits où il étoit obligé de ſuivre le Poëte, & de ſe montrer avec lui, il n'avoit plus la même vivacité & le même éclat. Pluſieurs perſonnes pretendent qu'en retranchant quelques longueurs dans le **Recitatif**, cet Opéra ſeroit excellent pour la Muſique. On peut adopter un ſentiment qui eſt devenu celui des vrais connoiſſeurs.

Nous avons encore de M. *Rameau* les Fêtes de *Polymnie*, premier ouvrage Lyrique de M. de *Cahuſac*. Si le Muſicien a ſaiſi avec choix toutes les occaſions que le Poëte lui a données de développer la fécondité de ſon génie, j'oſe avancer que la coupe de cet Opéra montroit déja dans l'Auteur du Poëme beaucoup de talent pour cette ſorte de compoſition.

On ſait que la Muſique du *Temple de la Gloire* eſt de M. *Rameau*, parce qu'il s'y trouve beaucoup de morceaux admirables qui ne ſeroient pas facilement d'un autre, mais on eſt fâché que

D iij

l'un de nos plus grands Poëtes ait ceſſé de l'être dans la conſtruction de cet Edifice. A peine reconnoît-on l'Architecte.

Il ſeroit difficile de trouver un Muſicien qui ait autant travaillé que notre Orphée : car ſans vous parler de ſes élegans *Quatuor* pour le Claveſſin, le Violon, &c, il a dans ſon portefeuille pluſieurs Opéra qui n'ont pas été repréſentés, & qu'il devroit abandonner à la louable avidité du public. D'ailleurs je peux vous aſſurer qu'il corrige continuellement ſes ouvrages, parce que ce n'eſt pas aſſez pour lui d'avoir bien fait lorſqu'il ſent que l'on peut mieux faire. La Tragédie de *Caſtor & Pollux* en ſera inceſſamment la preuve : ce grand Tableau paroîtra plus frapant par les nouveaux coups de pinceau que le Peintre lui a donnés. Un Artiſte qui a quelque mérite, ne ſe contente que trop aiſément; avec une réuſſite qui n'eſt que du tems, il ſe croit placé pour toujours parmi les Hommes illuſtres : quelquefois à la vérité, il eſſuié de ſon vivant, un revers funeſte; ce que nous appellons un génie, plaît à tout le monde ſans ſe ſatisfaire jamais entièrement; il voudroit pour ainſi dire aller au-delà

des bornes de fon Art. Couronné
des plus brillans fuccès , il ne ceffe
point d'examiner avec févérité fes productions , occupation favorite du petit
nombre d'hommes fameux qui peuvent
fe flatter de paffer à la pofterité.

J'aime à voir M. *Rameau* fenfible-
ment touché des applaudiffemens que
le Public lui a donnés , faire éclater fa
reconnoiffance , & l'en remercier lui-
même en s'engageant à de nouveaux
travaux. Ecoutez-le parler : c'eft de tout
fon cœur qu'il a dit dans une Lettre
imprimée en 1749 : » Pénetré de la
» plus vive reconnoiffance des nouvel-
» les marques que le Public vient de
» me donner encore de fa bonté , à
» l'occafion de mon Opéra de la Paix ;
» j'ofe affurer que je ne me fens que
» plus encouragé à mériter la continua-
» tion d'une faveur qui a été , & qui
» fera toujours , l'objet de tous mes
» vœux , & que je ne défirerois rien
» tant que d'être à portée de lui pro-
» curer encore plus de plaifir , & de
» pouvoir à mon gré pouffer auffi loin
» que j'en puis être capable , un Art
» qui fait feul l'occupation de toute
» ma vie.

Que vous dirai-je , Monfieur , du

célébre * Ouvrage de M. *Rameau*, connu fous le nom de *Demonftration du principe de l'Harmonie, fervant de bafe à tout l'Art Muſical, Théorique & Pratique* ? Mes éloges vous fatisferoient moins que le rapport de Mrs de *Mairan, Nicole & d'Alambert*, que je vais vous mettre fous les yeux : voici le jugement de cet excellent Livre approuvé par l'Académie des Sciences. ,, Nous croyons » que la Baſſe fondamentale prouvée » par l'Auteur, & puiſée dans la na-

---

* Tout Paris a lû les Livres de M. *Rameau* fur la théorie de fon Art : ils font univerſellement eſtimés ; & M. *d'Alembert*, fi connu dans le monde ſavant, par la profondeur des connoiſſances, & les charmes de l'éſprit, vient de publier des *Elemens de Muſique Théorique & Pratique*, fuivant le fiftême de M. *Rameau*. Quoique ce grand Géometre paroiſſe convaincu de la vérité du principe de l'Harmonie démontré par notre Muſicien Philoſophe, cela n'a pas empêché M. *Eſtéve* de la Société Royale de Montpellier, de s'élever contre cette découverte. Il nous a déja donné un Ouvrage fur l'origine de l'Univers, que M. *Fréron* appelle *un Roman Scientifique*, où *l'imagination a autant de part que la Géométrie* ; fa Brochure, fur le *véritable principe de l'Harmonie*, ne feroit-elle pas un fecond Roman ? C'eft un doute qui mérite d'être éclairci.

» ture même , est le principe de l'Har-
» monie & de la Mélodie ; que M.
» Rameau explique avec succès , par le
» moyen de ce principe , les faits dont
» nous avons parlé , & que personne
» avant lui n'avoit réduit en un sistê-
» me aussi lié & aussi étendu ; savoir,
» les deux *Tetracordes* des Grecs , la
» formation de l'échelle *Diatonique* , la
» différence de valeur qu'un même son
» peut avoir , l'altération qu'on remar-
» que dans cette échelle , & l'insensibi-
» lité totale de l'oreille à cette altéra-
» tion ; les regles du *Mode-majeur* , la
» difficulté d'entonner trois tons consé-
» cutifs, la raison pour laquelle les deux
» *tierces-majeures* , ou les deux *accords*
» *parfaits* de suite sont proscrits dans
» un ordre diatonique , l'origine du
» *mode - mineur* , la subordination au
» *majeur* , & ses variétés , l'usage de la
» dissonance , la cause des effets que
» produisent les différens genres de Mu-
» sique *Diatonique* , *Chromatique* & *En-*
» *harmonique* , les principes & les loix
» du *temperament* ; ainsi l'Harmonie
» assujettie communément à des loix
» assez arbitraires , ou suggerées par une
» expérience aveugle , est devenue par
» le travail de M. *Rameau* une science

D v

„ Géométrique, & à laquelle les prin-
„ cipes Mathématiques peuvent s'ap-
„ pliquer avec une utilité plus réelle &
„ plus fenfible. C'eft pourquoi M. *Ra-*
„ meau, après avoir acquis une grande
„ réputation par fes ouvrages de Mufi-
„ que-Pratique, mérite encore d'obte-
„ nir, par fes recherches & fes décou-
„ vertes dans la théorie de fon Art,
„ l'approbation & l'éloge des *Philofo-*
„ *phes*. C'eft à eux à décider ; & lorfqu'ils font favorables à un Livre de
cette efpéce, le Public eft tellement
perfuadé de l'excellence de l'ouvrage,
que c'eft vainement que l'on en fait la
critique. D'ailleurs qui fait mieux que
M. *Rameau* la vérité du fait ? La Mufique a été l'étude de toute fa vie, & il
eft incapable de tromper. Pour détruire
fon fiftême, il faudroit être, s'il étoit
poffible, plus grand Muficien que lui.
Telle chofe que l'on dife, il faut s'en
tenir à la décifion de M. *Fréron. On*
n'en conclura pas moins, dit l'ingénieux
Critique, *que perfonne n'a porté fon Art*
à un plus haut point de perfection dans la
Théorie & la pratique, que cet illuftre
Muficien, Phénomene réellement exiftant
dans la nature.

Cette nouvelle découverte a donné

lieu à M. *Marmontel* d'exercer son génie.
Ce Poëte a adressé à M. *Rameau* une
Epître, dont je vous citerai les endroits
qui m'ont le plus frappé.

Newton des Sons, astre de l'Harmonie,
Non, le concours des plus heureux hasards,
Ne peut fixer la carrière des Arts ;
Tu nous l'apprens : c'est aux mains du Génie,
A déchirer le bandeau d'Uranie.
La vérité sur les aîles du tems,
Vers nous, dit-on, s'avancant d'âge en âge,
De ses rayons perce enfin le nuage,
Qui la dérobe à nos esprits flotans.
Tu la préviens. C'est aux talens sublimes,
De ses secrets ravisseurs orgueilleux,
A la tirer du fond de ses abymes,
A l'arracher du sein même des Dieux.
L'experience à tout moment trompée,
Lent voyageur au milieu des déserts,
Marchant d'abord sur la foi des éclairs,
Change cent fois sa route entrecoupée,
Par des écueils, & des sentiers divers.
Que le Génie avec elle s'unisse ;
Plus de détours, d'écueil, de précipice,
Leur vol rapide embrasse l'Univers.
Depuis l'Auteur de la Metempsicose,
Jusqu'au beau siècle où le tendre *Lully*,
Fit soupirer le François amolli ;
Envain l'oreille interrogea la Cause

D vj

De ſes plaiſirs, le Luth formoit des ſons,
La voix des chants, inutiles leçons ;
L'Art foible encor, ſuivant l'inſtinct pour
　　guide,
Sur le Clavier portoit ſa main timide.
A la lueur d'un débile flambeau,
Non loin ſouvent il entrevit le beau ;
Mais pour l'atteindre il n'avoit point de route:
Le goût flotoit dans le cercle du doute,
Et le Génie y trouvoit ſon tombeau.
Rameau paroît, & la nuit ſe diſſipe,
Dans ſes accords il ſurprend leur principe;
Et des rayons qu'il en fait rejaillir,
L'Art éclairé ne craint plus de faillir.
Il eſt connu, ce mélange harmonique,
De ſons divers qu'engendre un ſon unique ;
Ce doux rapport, cet amour mutuel,
Qui les confond dans le ſein paternel :
Je crois les voir franchir leur intervale,
Pour remonter vers leur ſource natale,
Se reconnoître, & de loin s'appeller,
Pour s'embellir à l'envi ſe mêler.
Que de rapports ! quel tiſſu de merveilles !
Ce que n'ont pû trente ſiécles de veilles,
Un ſeul mortel d'un regard le produit.
De ton triomphe, Ami, goûte le fruit,
Dans l'avenir contemple ta mémoire,
Ton nom gravé ſur le front de la gloire.
Voi déſormais tes concurrens altiers,

Confus, soumis, marcher dans tes sentiers ;
L'envie enfin muette, consternée,
Par le bon goût à ton char enchaînée.
Roi de ton Art, à ce titre flatteur,
Tu viens d'unir celui de fondateur.
Après avoir applani tant d'obstacles,
Dans ce Sénat dont les regards de Linx,
De la nature observent les miracles,
Tu t'es montré vainqueur d'un nouveau
     Sphinx,
Et la critique a scellé tes oracles.
Poursuis, étonne, enchante les François,
Quel prix plus doux de tes nobles succès ?
Que la faveur d'un Ministre équitable,
L'œil de la Guerre en un tems redoutable,
L'ame des Arts dans le sein de la Paix.
De l'amitié si tu chéris le gage,
Reçoi ces Vers, tendre & sincère hommage.
Je les écris dans l'Asile enchanté,
Du sentiment & de la vérité ;
Dans cet Asile inaccessible aux vices,
Où l'amitié prodigue ses délices :
Où ces cœurs droits pour garant ont l'hon-
     neur,
Et l'un dans l'autre épanchent leur bonheur.
Où la sagesse & riante & facile,
De l'agréable affaisonne l'utile ;
Temple des Arts, & souvent leur Berceau,
Lieux où *la Tour* a formé son pinceau.

Où *Vaucanson*, Rival de la nature,
A combiné sa première imposture,
Et d'où ta Plume & ta Lyre à la fois,
Donnent à l'Art un modéle & des Loix.

M. *Rémond de S. Mard*, dans ses *Réflexions sur l'Opéra*, se contente de louër *Lully*, *Campra*, *Charissimi*, *Corelli*, *Scarlati* : à peine parle-t'il de nôtre Orphée. On trouve seulement dans son Ouvrage un trait de Satyre auquel il voudroit donner l'air d'un éloge : je vais vous rapporter cet endroit. *Un des grands Musiciens que nous ayons en France, s'est, dit-on, persuadé qu'on pouvoit tout peindre en Musique ; personne ne rend plus volontiers que moi justice à son mérite, mais il me permettra de n'être pas de son avis.* Ensuite M. *Rémond* passe à la Peinture ; il dit qu'un Peintre pour vouloir trop exprimer, n'exprimeroit rien. Selon lui, la Musique & la Danse doivent être plus timides que la Peinture ; & pour dernier avis, il conseille à ceux qui exercent ces deux beaux Arts, *de n'exiger d'eux que ce qu'ils ont bonne grace à faire* : il appelle cela en user avec eux, comme on en use avec ses amis. M. *de St Mard* met de l'esprit par tout. Quoiqu'il ne soit pas partisan de la Musique Moderne, ce que l'on voit aisément en lisant son Livre, il me paroit d'une humeur à se reconcilier avec elle à la première occasion.

Notre illustre Musicien a été vengé de l'espéce de dédain de M. *Rémond*, par le Disciple & le Rival du fameux Abbé *Desfontaines*. L'Auteur des *Réflexions*, dit M. Fréron, *n'est rien moins que partisan de la Musique à la mode; cependant quel préjugé plus heureux en faveur de cette Musique, & de son célébre Auteur, que le succès constant qu'elle a eu sur notre Théâtre Lyrique, dans presque tous les Opéra qui sont sortis de la main de ce grand Maître ? On l'accuse de travailler dans le goût Italien, c'est-à-dire, qu'on lui fait un crime de ce qui mérite notre admiration.* Ceci s'adresse à M. *St Mard*, & ce que vous allez lire, détruit les vains argumens des envieux, des protecteurs subalternes, & des admirateurs outrés de l'ancien Théâtre. *La Musique de M. Rameau n'est ni purement Françoise, ni purement Italienne, il a les graces & la douceur de l'une, sans en avoir la Monotonie ; la profondeur & le génie de l'autre, sans trop sentir la science. Il est sublime, varié, tendre & voluptueux. Que faut-il de plus pour lui assurer la primatie dans son genre ?*

Je ne crains pas qu'on puisse me reprocher le zéle que je montre pour M. *Rameau* : ne suis-je pas à l'abri de toute critique en pensant comme M. *Fréron*, & en parlant d'après lui ? Oüi, notre Orphée a remporté une victoire complette ; ses ennemis font terrassés, & s'il y a encore quelques factieux qui conspirent en secret, je dirai avec un de nos premiers Poëtes, que ce reste de la sédition

N'est qu'un bruit passager des flots après
　　　　l'orage,
Dont le courroux mourant frappe encore le
　　　　Rivage,
Quand la sérenité regne aux Plaines du Ciel.

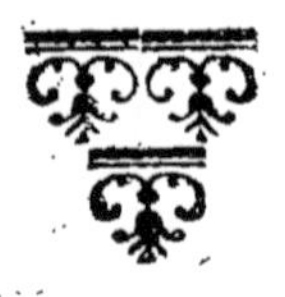

LETTRE IV.

Sur la Cantate, la Musique d'Eglise, &
les Maîtres les plus renommés.

LA *Cantate* qui doit, Monsieur, son
origine à l'Italie, commença à paroître en France dans la jeunesse de
Rousseau, qui composa les premieres.
Cet Auteur illustre, en renfermant ces
petits Poëmes dans une allégorie exacte
dont les recits font le corps & les Airs,
l'ame ou l'application, leur a donné une
forme dont on ne s'écartera jamais, *de*
savoir, dit-il lui-même, *si ce Plan est le*
meilleur que j'eusse pû choisir, c'est ce qu'il
ne me convient pas de décider ; parce qu'en
matière de nouveautés rien n'est si trom-
peur qu'une première vogue, & qu'il n'y
a jamais que le tems qui puisse apprecier
leur mérite, & les réduire à leur juste
valeur. Il y a apparence que le Plan de
Rousseau est bien excellent, puisque les
autres Poëtes l'ont toujours suivi, &
que leurs Ouvrages en ce genre ont été
bons, passables, ou mauvais, suivant
le dégré d'imitation.

Morin est parmi nous le premier Musicien qui ait fait des Cantates, leur foiblesse les a fait oublier ; c'est le sort de beaucoup de Musique, tant ancienne que moderne : nos oreilles n'en sont que plus tranquilles.

Le savant *Bernier* a mis en Musique la plûpart des Cantates de *Rousseau* : on convient que ce Musicien n'est pas exemt de défauts, mais que parmi ses Cantates il y en a un grand nombre d'admirables. *Les Nymphes de Diane* passent pour un chef-d'œuvre, & presque toutes se vendent encore aujourd'hui avec rapidité, preuve victorieuse des beautés qui s'y trouvent.

Le fameux *Clérambault*, que la mort vient de nous enlever, a mérité la Palme dans cette sorte de Composition ; il a trouvé des Chants, & des expressions qui n'appartiennent qu'à lui, & qui le font regarder comme le seul & vrai modéle. Sa Cantate d'*Orphée* est un morceau unique. M. *Grandval*, pere du fameux Acteur, l'a parodiée avec cette gaieté & cette plaisanterie, qu'on lui connoît.

La Cantate de *Médée* doit occuper un rang distingué parmi les plus belles de M. *Clérambault* ; on y trouve de grands traits, & une expreſſion ſingulière. Les fureurs de *Medée* inſpirent de l'effroi, & ſont marquées au bon coin. Rien n'eſt plus beau encore que le *Leandre & Hero.* Ce célébre Muſicien ſe ſou-tient parfaitement dans ſes autres Livres: je ne dirai qu'il étoit Organiſte, & Or-ganiſte eſtimé, que pour combattre le ſentiment de quelques Maîtres de Mu-ſique qui prétendent être les ſeuls qui puiſſent compoſer de la bonne Muſi-que vocale. Je les renvoie à *Lalande,* à M. *Royer,* au fameux *Rameau,* lui-même, qui tous ont touché l'Orgue, & je crois que ma réponſe eſt bonne, puiſque c'eſt leur prouver que les plus grands Muſiciens de la Nation ont tous été Organiſtes.

Campra paroîtra encore ici, ſa Can-tate de *Silene* & celle des *Femmes,* lui auroient donné un nom, ſi celui de l'Auteur de *Tancrede* n'étoit pas aſſez connu.

Mouret nous a laiſſé de jolis morceaux en ce genre : on le reconnoît toujours à ſon coloris aimable & gracieux, & rien n'eſt au-deſſus de ſes charmantes Cantatilles.

M. *Baptiſtin* paſſe à juſte titre pour le Rival de *Clérambault. Démocrite &*

Héraclite eſt un de ces ouvrages précieux qui ſuffiſent pour immortaliſer un Artiſte. Le contraſte continuel & ſoutenu que l'on trouve dans cette admirable Cantate, a placé ſon Auteur au rang des Maîtres qui ſont très-rares, parce que les grands Hommes le ſont, & le feront toujours.

Je n'oublierai pas la *Didon* de M. de *Blamont*. Elle a fait beaucoup de bruit dans le monde. Les paroles ſont d'un * grand Prince, protecteur des favoris des Muſes : ce qui a dû contribuer au ſuccès de cette Cantate.

Muſique d'Egliſe.

La Muſique d'Egliſe, qu'on appelle communement Muſique de Chapelle, a commencé ſous le Regne de Pepin ; & lorſque Charlemagne ſon fils fut couronné à Rome Empereur d'Occident par Leon III. le Maître de Muſique prétendoit faire chanter le jour de Pâques préférablement au Maître du Pape ; cela fit élever une grande querelle, que le nouvel Empereur termina ſur le champ. Il décida en faveur du Maître

----

* Feu Monſeigneur le Prince de Conti.

de Musique du Pape. *Je vous entendrai,* dit-il à son Maître de Chapelle, *lorsque j'aurai repassé les Montagnes, & que je serai en France.*

François premier dans son voyage de Milan & de Boulogne, fut suivi par sa Musique, qui se joignit à celle du Pape; c'étoit le Grand Leon X. *Josfien Desprez,* Maître de Chapelle du Roy, avoit alors tant de réputation, que Rome même étoit curieuse de ses Motets & de ses Compositions.

Sous Louis XIV. parurent *Dumont & Minoret,* qui ne firent qu'annoncer le fameux *Lalande,* qui a porté si loin son Art, & dont le nom est immortel. On dit que *Dumont* se servit le premier de la Basse-continue. Ce Musicien étoit fort bon organiste pour son tems, mais une Abbaye qu'il possedoit étoit peut-être son meilleur titre; au reste, son talent l'y avoit conduit.

Ce fut donc sous *Lalande* que nôtre Musique Latine parvint à ce dégré éminent qui nous a fait tant d'honneur. Plusieurs de ses Motets ont des beautés si sublimes & si touchantes, que l'on peut dire que qui que ce soit ne chantera les louanges de Dieu avec autant de dignité & de noblesse. *Lalande* vous transporte au Ciel, il inspire pour la Divinité du respect & de l'amour.

Lalouette avoit aussi de fort grands talens. Son *Miserere* & son *Deprofundis* seront toujours connus & estimés ; on a reproché à ce Musicien d'être un peu froid, défaut que la plûpart de ses Successeurs n'ont que trop imité ; ils ne sont point animés de cette chaleur féconde qui vivifie de semblables ouvrages. C'est le plus grand malheur qui puisse arriver à un Poëte, ou à un Musicien, que de manquer de ce feu créateur ; savoir les regles, ce n'est rien, il faut encore ce principe de vie, & cette couleur brillante où le génie seul peut atteindre. Car selon un grand Poëte,

Savoir la marche, est chose très-unie,
Jouer le jeu, c'est le fruit du Génie.

Bernier si recommandable par sa science & par le grand nombre d'éleves qui sont sortis de ses mains, a composé de très-beau Motets remarquables, sur-tout par les excellentes fugues qui s'y trouvent : tous les hommes célebres qu'il a formés, conviennent de sa superiorité, & l'ont regardé comme un des Maîtres le plus consommé dans l'Art.

Son Ecole a toujours paſſé pour la plus fameuſe.

Gervais, Auteur d'aſſés bons ouvrages, avoit quelquefois le malheur de déplaire. J'oſe dire que l'on étoit trop prévenu contre lui. Le Public n'a-t'il pas revû ſon Opéra d'*Hypermneſtre* avec quelque ſorte de plaiſir ? Il en ſeroit de même de pluſieurs de ſes Motets, on pourroit les entendre aujourd'hui avec ſatisfaction. *Campiſtron*, & quelques Poëtes modernes, n'ont-ils pas fait des Tragedies fort paſſables ? On auroit trop de mauvaiſe humeur ſi on les proſcrivoit entièrement.

Folio, Muſicien, fort connu à la Cour ſous *Louis XIV*, mais dont le caractère ſingulier a étouffé pour ainſi dire la réputation, a brillé un tems dans Paris, ſur-tout dans les Muſiques que faiſoient alors les Peres Jeſuites dans leur Maiſon Profeſſe. Tout le monde y accouroit, & trouvoit admirables ces mêmes Motets, ignorés totalement à préſent, & qui ſont tombés par héritage à des gens qui par état n'y connoiſſent rien. Il y a lieu de penſer que les ouvrages de *Folio* ſont perdus, ou vendus à vil prix : ſuite fâcheuſe de ſon indolence. Il a été pendant quelques années Maître de Musique de S. Paul, & il est le seul dont cette grande Paroisse puisse se faire honneur.

Jettons aussi quelques fleurs sur les tombes des *Gilles* & des *Madins*. Le premier victime de la mort dans la fleur de son âge, nous fait regretter sa perte, par les morceaux qui nous restent de lui. Doué du génie le plus facile, peut-être auroit-il remplacé le fameux *Lalande*. Le *Diligam* de *Gilles* & sa *Messe des Morts*, sont deux chef-d'œuvres. Le second plein de cet entousiasme qui fait le Musicien, reussissoit souvent, & sa Musique plaisoit fort à la Cour, écueil contre lequel se sont brisés tant de Compositeurs subalternes, & pour leur stérile abondance les *Scuderis* de la Musique. Voici des Vers pour M. *Madin* que j'ai lûs dans un Journal; il y a un peu d'exagération, mais il y a bien du vrai.

Madin, que tu sais bien par tes tendres accords,
Du cœur & de l'esprit émouvoir les ressorts;
Tes tours brillans, heureux, tes aimables saillies
N'appartiennent qu'à ces Génies,
Qu'Apollon sauva de l'oubli;

Dans

Dans tes divins tranfports, dans tes nobles
    idées,
Qui foutenus de l'Art dirigent tes penfées,
On croit entendre encore & *Lalande* & *Lully*.

  Nous poffédons à préfent, Monfieur,
Bordier, Maître des Saints Innocens,
qui par une Mufique favante, forte &
pathetique, réunit tous les fuffrages &
eft généralement eftimé ; M. *Fanton*,
Maître de la Sainte Chapelle, qui fe
diftingue par fes brillantes Symphonies
& fon chant gracieux ; M. *Blanchard*,
Maître de la Chapelle du Roy, & digne
par fes talens d'occuper une place auffi
honorable que difficile à remplir. Je
nommerai auffi avec le public fatisfait,
M. *Cordelet*, nouvellement nommé à
la Maîtrife de Saint Germain, & qui
marche à grands pas dans la carriere.
M. *Davenne*, ordinaire de l'Académie
Royale de Mufique, dont les Motets
remplis de feu & d'imagination, ont
été écoutés au Concert Spirituel avec
la même attention, & prefque le même
plaifir que ceux de *Lalande* du fiécle
dont il va être queftion.

  Au feul nom de M. *Mondonville*, je
vous vois, Monfieur, plein de cette
admiration qu'on a coûtume de refer-

<table><tr><td>*I. Partie*</td><td>E</td></tr></table>

ver pour les hommes uniques. Cet habile Muſicien, après avoir enchanté le public par les ſons mâles & hardis de ſon Violon, après avoir ſi bien marié le Claveſſin à ſon inſtrument favori, je parle de ſes *Sonates* admirables, il ſe montre un grand Maître dans un genre preſque épuiſé par un de ces Génies, qui ſemblent ne laiſſer rien à deſirer après eux. Preſque tous les Motets de *Lalande* ont cette perfection, ſans laquelle on peut encore plaire, mais avec laquelle on aſpire au premier dégré. M. de *Mondonville* paroît, on le met à côté de *Lalande* ; quelle gloire pour lui ! *Campra*, après s'être eſſayé contre *Lully* ſans triomphe, avoit voulu le diſputer à *Lalande*, & ſa défaite ne l'avoit pas mis hors de combat ; M. de *Mondonville* attaque le même Athlete, il balance la victoire, monte enfin ſur ſon Trône, & le partage. C'en eſt aſſez, mais il fait plus ; né pour tout oſer comme l'Auteur d'*Heſione*, il raſſemble ſes forces ; & les armes à la main, il vient attaquer M. *Rameau* dans le cœur de ſon empire, on crioit déja victoire ; mais le grand *Rameau* ne laiſſant avancer les ennemis que pour mieux les terraſſer, recommence le combat ; & plus

fort que jamais, disperse les troupes
auxiliaires, foudroye l'armée, met en
fuite l'usurpateur, & reprend son scep-
tre. On peut le disputer à *Lalande*, mais
il faut se contenter d'admirer *Rameau*.
On s'épuiseroit à le combattre, sans
venir à bout de le détrôner, c'est un
Monarque invincible.

M. de *Mondonville* a donc repris la
Lyre de David, de laquelle il avoit
déja tiré des Sons divins, & il y a apparence qu'il ne la quittera plus. Il excelle dans un genre moins vaste que
celui du Créateur de la nouvelle Musique ; mais si je n'étois pas *Rameau*,
qu'aurois-je de mieux à désirer que
d'être *Mondonville* ? Une preuve de la
parfaite expression de ses Motets, c'est
qu'ils font le même effet sur des oreilles
étrangeres que sur les nôtres, tant la
vérité a d'empire sur les hommes : elle
est de tous les pays, & sera de tous les
tems.

On admirera toujours dans le *Domi-*
nus regnavit ce sublime morceau, *Ele-*
vaverunt flumina : le Musicien étoit sans
doute rempli de ces Vers du Poëte,

L'onde au loin mugit,
Les Vents sont déchaînés sur les vagues émues.

On fera toujours faifi d'un faint refpect lorfqu'on entendra le Chœur éner-
gique du *Venite adoremus*, & le fameux
Motet, *Cœli enarrant*, doit engager fon
Auteur à ne pas quitter une carrière
dans laquelle il eft le premier, pour en
courir une autre, où le *Joli* ne fait que
plaire dans le tems fans pouvoir paffer
à la pofterité, qui ne conferve dans
fon Temple que le grand & le merveilleux.

M. de *Mondonville* ne devroit-il pas
au grand *Rouffeau* cette admirable expreffion qui fe trouve dans le *Cœli
enarrant* ? Le Poëte avec des penfées
& des mots harmonieux, a peint ce
que le Muficien a fû rendre avec des
fons raifonnés, images en quelque forte
de la penfée. Voici comme le Poëte
s'exprime.

Les lieux inftruifent la terre,
A reverer leur Auteur ;
Tout ce que leur Globe enferre,
Célébre un Dieu Créateur.

La Mufique rend cette image. Rouffeau continue.

Dans une éclatante Voute,
Il a placé de fes mains,

Ce Soleil qui dans fa route,
Eclaire tous les Humains.

L'Univers à fa préfence,
Semble fortir du néant,
Il prend fa courfe, il s'avance,
Comme un fuperbe Géant;
Bien-tôt fa marche féconde,
Embraffe le Tour du monde,
Dans le Cercle qu'il décrit;
Et par fa chaleur puiffante,
La nature languiffante,
Se ranime, & fe nourrit.

Le Muficien rend ce magnifique Tableau, & n'eft guères inférieur au Poëte. Le morceau *Exultavit ut gigas*, embélli encore par la voix de M. *Benoît*, eft rempli de cette Harmonie imitative, & de ce vrai que peu de compofiteurs connoiffent. Il a été cependant beaucoup critiqué par des Maîtres, fans doute un peu jaloux, ou irrités de ne pas réuffir de même. Il n'y avoit pas d'expreffion, difoient-ils : c'étoit bien là le langage de l'envie & de l'ignorance, ou plutôt c'étoit, fi l'on peut parler ainfi, un blafpheme Mufical.

Nous avons un autre Motet de M. de *Mondonville*, qui eft frappant par l'imitation, je veux parler du *Deprofun-*

dis ; le premier morceau ne laisse rien à désirer, tout y est grand, soutenu, c'est un tableau parfait & plein de vie. Avec quels sons touchans il exprime ces paroles !

> Seigneur, entend ma voix plaintive,
> Et prête une oreille attentive,
> Au bruit de mes tristes accens.

Loin de le céder à *Rousseau*, dans cet endroit peut-être le surpasse-t'il. La Musique & la Poësie ont tant de rapport entr'elles, que je ne crois pas m'être beaucoup trompé, en comparant l'une avec l'autre.

Avant de finir l'article de M. de *Mondonville*, il est nécessaire de dire qu'un homme d'esprit voulant raisonner sur les différentes sortes de Musique, & sur les différens goûts, met hardiment M. de *Mondonville* à la tête de tous les partis ; vous avez lû *le Spectacle de la nature*, Monsieur, & vous sentez parfaitement que je veux parler de M. *Pluche*. Il est difficile, dit cet Auteur, après avoir parlé de plusieurs Musiciens, & de leur différente manière, *il est difficile de le fixer à une regle dans cette diversité de sentimens parmi les Maîtres. Un autre Génie augmente encore ma perpléxité.*

Plus fécond que Baptiste , je le crois, *aussi vif que Guignon* ; cela peut être ; mais nous nous arrêtons là. Pensons, Monsieur, avec le public éclairé, *qui admire & qui honore M. de Mondonville,* autant que M. *Pluche* , *& qui ne reprochera jamais à cet aimable homme d'entretenir parmi nous une division intestine* , *qui s'échauffe & qui dégénere en une guerre civile.* Pensons que ce Muficien *ne se tourne ni comme il veut, ni comme on veut.* Gardons-nous bien de dire , *qu'il excelle dans tous les goûts* , *que tout lui est égal* , *le chant* , *les accords* , *les sons majestueux* , *les airs passionnés* , *la rapidité* , *l'emportement même :* c'est tout ce que l'on pourroit dire de l'Orphée de notre siécle.

A en croire M. *Pluche* , M. de Mondonville feroit le Muficien de tous les genres , de toutes les modes ; rien ne coûte à M. *Pluche* , pour élever au-desfus de tous les autres *l'aimable homme* qu'il affectionne. Il est à l'entendre, *Melodiste comme Mouret* , *tendre comme Lully :* ce qui reste à prouver ; Harmonifte comme *Rameau :* ce que l'on ne prouvera jamais. Si M. *Pluche* , dont l'autorité est refpectable dans la Littérature , beaucoup plus que dans la Mu-

fique ; fi cet Auteur fécond , varié,
élegant , nous eût dit avec tous les
connoiſſeurs , M. *Rameau* a la première place , on donnera la feconde à
M. *Mondonville* avec l'intervalle convenable , ſon Panégyrique eût été plus
conforme à la vérité , & plus glorieux
pour ſon Héros : mais il ne connoiſſoit
d'homme ſuperieur que M. de *Mondonville* , pendant que toute l'Europe connoît M. *Rameau* comme le fondateur
de la Muſique Moderne & la merveille
de ſon ſiècle.

LETTRE V.

Sur l'Orgue, le Clavessin, & les premiers Organistes du tems.

L'Orgue est le roi & le pere des Instrumens; c'est celui, Monsieur, qui exige les plus grands talens. Peut-être, faute de connoissance, n'estime-t'on pas assez un habile Organiste, qui doit être grand Compositeur, & posséder des parties ignorées totalemens de la plûpart des Maîtres de Musique, je veux dire l'accompagnement & l'usage du Clavier.

Le Clavessin, autre instrument harmonieux, exige dans celui qui le touche à peu près les mêmes qualités; car je tiens des plus célébres Artistes, que cette prétendue légéreté des doigts que l'usage de l'Orgue fait perdre, est une chimére inventée par ceux qui, avec beaucoup de talent pour l'Orgue, ne font que médiocres sur le Clavessin: c'est une adresse de leur part pour conserver la célebrité qu'ils ont acquise dans l'un ou l'autre de ces instrumens; il se trouve aussi d'assez bons *Clavessinistes,*

E v

qui très-foibles fur l'Orgue, difent hautement qu'ils ne veulent pas fe gâter la main; détour ingénieux, mais qui ne prouvera jamais rien, puifque les *Marchand*, les *Couperin*, les d'*Aquin*, ont réuni les deux talens.

L'Orgue & le Claveffin ont eu leurs Illuftres dans le dernier fiècle. *Le Begue* & *Thomelin* fe font acquis les premiers quelque réputation dans ces Inftrumens fi difficiles à toucher, on ne fauroit trop le repeter, foit pour les grandes connoiffances qu'ils exigent, foit pour la légèreté & le brillant de la main, dont on ne peut guéres fe paffer. Il eft certain que l'Orgue du tems de *Le Begue* ne faifoit que de naître : ce fut le fameux *Marchand* qui l'a mis dans tout fon luftre, aidé par *Couperin*, dont les belles compofitions font encore les délices de la Nation. On entend toujours avec plaifir *les Idées heureufes*, *les Ondes*, *la Voluptueufe*, *les Bergeries*. *Marchand* prétendoit être l'Auteur de cette derniere piéce, mais il avoit grand foin d'en ôter le dernier couplet, qu'il regardoit comme très-foible, & qu'il ne difputoit point à fon Rival. Les *Bergeries* en effet font bien dans le goût de *Marchand*, & plufieurs perfonnes lui donnent encore aujourd'hui cette piéce, quoiqu'elle passe sous le nom de *Couperin*, & qu'elle soit gravée dans son Recueil.

Ces deux Hommes superieurs partageoient le public dans leur tems, & se disputoient mutuellement la première place. *Marchand* avoit pour lui la rapide exécution ; le Génie vif & soutenu, & des tournures de chant que lui seul connoissoit. *Couperin* moins brillant, moins égal, moins favorisé de la nature, avoit plus d'Art, & suivant quelques prétendus connoisseurs étoit plus profond. Quelquefois, dit-on, il s'élevoit au-dessus de son Rival, mais *Marchand* pour deux défaites gagnoit vingt victoires ; il n'avoit guéres d'autre épithete que celle de *Grand* : c'étoit un homme de génie : le travail & les refléxions avoient formé l'autre. M. d'*Aquin* doit tout au premier ; M. *Calviere* a tout imité du second.

J'ai, Monsieur, quelques anecdotes sur *Marchand* qui se trouveront placées ici assez naturellement. Ce Musicien fier & imposant, ne recevoit de Complimens que de la part de ceux qui se connoissoient en mérite, & il rejettoit les fades adulations des ignorans, qui dans ce tems-là comme dans celui-ci, trouvent tout également beau, & n'en difent pas davantage à l'homme célèbre qu'à l'homme médiocre. Capricieux au dernier point, il ne touchoit pas de morceaux fuivis lorfque les Affemblées étoient les plus nombreufes, & le plus fouvent c'étoit en préfence de deux ou trois amis choifis qu'il développoit tout fon génie : il falloit donc fe cacher dans les coins de l'Eglife pour avoir la fatis-faction de l'entendre, & le tromper pour fe procurer du plaifir ; l'affluence du monde anime fouvent les grands Artiftes, & ce qui lui déplaifoit, fait l'ambition de bien d'autres. On connoît des Organiftes qui pour foutenir leur réputation s'affemblent le plus qu'ils peuvent d'auditeurs ; leurs partifans les vont chercher dans les maifons, dans les Caffés ; avec cette induftrie, dont ne fe fert jamais un homme de vrai mé-rite, une Eglife fe trouve remplie ; mais que d'oreilles profanes pour deux ou trois oreilles favantes ! Il ne feroit pas moins ridicule d'imiter *Marchand* dans fes caprices, que les autres dans leurs reffources pueriles, parce que la pre-mière manière eft d'un Artifte trop pré-venu de fon talent, & que la feconde

décele un homme dont le mérite chan-
celle & a befoin d'être étayé. Heureux
celui à qui l'on peut appliquer ces Vers
du grand *Corneille*,

Pour me faire admirer je ne fais point de ligue,
Et mon ambition pour faire plus de bruit,
Ne les va point quêter de réduit en réduit.

Marchand peu curieux fans doute de
la fortune qui s'offroit continuellement
à lui , ou voulant l'aller chercher plus
loin , paffa dans les pays étrangers ;
mais bien-tôt fon inconftance le ramena
dans fa patrie , & il reprit l'Orgue des
grands Cordeliers , que fon voyage lui
avoit fait quitter. Il lui arriva un jour
de toucher cet Inftrument avec une feule
main , ayant alors l'autre bras en échar-
pe : plufieurs perfonnes m'ont affuré
que l'on ne s'en apperçut point , & qu'il
fçut charmer également tous fes auditeurs ; fi ce fait eft vrai , il n'y a eu &
il n'y aura jamais d'Organifte à lui oppofer.

Invité à dîner chez Madame la Du-
cheffe de B. cette Dame après le répas
le pria de toucher une piéce de Claveffin; il refufa poliment ; & malgré les
preffantes follicitations de la compagnie , il fe tint toujours fur la négative ;

on se mit à jouer , & *Marchand* par caprice ou par ennui, fut au Clavessin qui étoit fermé, l'ouvrit, préluda d'une main sans que la Duchesse de B. y fît attention ; se servit enfin de ses deux mains , & détourna bien vite du jeu ceux qui qui y prenoient le plus de part. *Taisez-vous , Marchand ,* lui dit la Dame, *vous nous ennuiez.* Le Musicien piqué sortit , & ne voulut jamais revenir dans la maison. Je sçai que son refus étoit déplacé, mais je sai aussi que Madame de B. qui connoissoit son humeur , lui fit sentir sa faute un peu trop durement.

Ce fameux Organiste étoit si singulier , qu'il négligeoit la plûpart de ses écolieres, pour deux ou trois ausquelles il s'attachoit. Il ne sortoit pas des maisons qui lui plaisoient , y touchoit du Clavessin tant qu'on vouloit , sans s'embarrasser si on l'attendoit ailleurs. Il passa ainsi huit jours dans une aimable sacieté de Paris , & enchanta tous ceux qui y venoient, en s'amusant sur un petit buffet d'Orgue. Le jour de ses adieux , un instant après qu'il fut sorti, entra *Couperin* avec lequel il vivoit fort mal : l'amour & une jolie femme en étoient la cause. *Marchand* avoit sçû plaire à la Maîtreſſe de *Couperin* : on ne pardonne guères ces choſes-là : jugez du bruit ſi le haſard les eût fait trouver enſemble.

La veille de *Noël* des perſonnes de la première diſtinction envoyerent demander aux grands Cordeliers, ſi *Marchand* toucheroit la Meſſe de la Nuit, on fit réponſe au Couvent qu'il avoit coûtume de le faire. Une nombreuſe aſſemblée ſe rendit dans cette Egliſe. *Marchand* fut ſouper dans une maiſon, & s'y plaiſant beaucoup, il ne voulut plus en ſortir ; on ſçut l'avanture par celui qui touchoit en ſa place, lorſqu'il ne vouloit pas s'en donner la peine ; on envoya promptement lui dire que la meilleure Compagnie de Paris l'attendoit avec impatience, il ne ſe rendit point pour cela ; & telle raiſon qu'on pût lui alleguer, il ne répondit autre choſe, ſinon que ce ſeroit pour une autre fois, & qu'il vouloit abſolument paſſer la nuit dans la maiſon où il ſe trouvoit alors. Quelque tems avant ſa mort il quitta les Cordeliers, chez leſquels il demeuroit, & la derniere fois qu'il toucha leur Orgue, il ſortit en diſant, *Adieu ma chere veuve*, ſans doute pour ſoutenir ſon caractère juſqu'à la fin. Tel rempli qu'il fût de fon mérite, il reconnoiffoit pourtant des talens fu- perieurs dans M. d'*Aquin*, qui lui a fuc- cedé ; on ne dit pas la raifon pour la- quelle il eftimoit affez peu les autres, il eft fur que ce n'étoit pas par envie.

Couperin a donné au public tous fes Ouvrages, *Marchand* a laiffé beaucoup de Mufique manufcrite dont fa fille eft dépofitaire, & qui gravée un jour, le vengera de quelques ennemis qui avoient répandu dans le monde qu'il étoit incapable de rien produire.

Avec ces deux célèbres Organiftes, qui réuffiffoient également à toucher le Claveffin, nous avons eu M. de *Cham- boniere*, homme de naiffance, qui pof- fédoit fort bien ce dernier Inftrument. Il a été auffi queftion de *Garnier*, qui d'ailleurs fort inférieur à *Couperin*, avoit le don de toucher fes piéces mieux que lui-même, & qui avoit par-là trouvé le moyen de fe faire rechercher du plus grand monde.

On a perdu depuis quelques années un Organifte eftimable M. *Landrieu* : il étoit fur-tout connu par la façon in- genieufe avec laquelle il touchoit des Noëls. Plufieurs de fes piéces de Cla- veffin font encore en vogue ; & quoiqu'il ne fût pas le Prince de son Art , il s'étoit ménagé quelques Parties qui le faisoient beaucoup valoir. Il est Auteur d'un très-beau Menuet, connu cependant sous le nom de *Handel* , Organiste de Saint Paul de Londres , & le plus grand Musicien de l'Angleterre.

Je ne prétends pas rabaisser ici le mérite de nos Maîtres de Cathédrale ; la plûpart en ont beaucoup ; mais un habile Organiste réunit , à ce qu'il me semble , de bien plus grands talens , puisque seul & sans préparation il fait éclorre sous ses doigts un grand chœur de Musique , & prouve dans d'autres tems qu'il est également versé dans la vocale. Le plus fameux Maître de Chapelle n'oseroit se flatter de ce double talent ; s'en trouve-t'il un seul qui touche l'Orgue comme M. d'*Aquin* , du Violon comme M. *Mondonville* , & du Violon - celle comme M. *Martin* ? Je ne crois pas qu'on puisse combattre ce sistême.

Il me reste à parler , Monsieur , des deux premiers Organistes de notre siécle , tout le monde les nomme d'abord. Messieurs d'*Aquin* & *Calviere* , sont à présent ce qu'étoient jadis *Marchand* &

Couperin, ce font deux génies rares, tout oppofés, & qui tous deux, par des voies différentes, font parvenus à la premiere place. Je me fuis laiffé dire que le premier annonça dès l'enfance, ce qu'il devoit être un jour, & que le fecond par un travail affidu prouva enfin qu'il étoit un homme excellent, fans l'avoir trop annoncé d'avance. Mr. d'*Aquin* dès fa plus tendre jeuneffe eut l'honneur de toucher du Claveffin devant Monfeigneur fils de Louis XIV, qui après l'avoir entendu, lui prédit qu'il deviendroit un des premiers hommes de fon fiécle : ce fut le fameux *Bernier* qui le forma dans la compofition, & le grand *Marchand* étoit fon modéle ; il ne s'en eft jamais écarté. Mr. *Calviere* s'attacha particuliérement à l'illuftre *Couperin*, ce que le fait fuivant va prouver.

Une place d'Organifte du Roi vient à vaquer du vivant de *Couperin*, il fut décidé que l'on feroit un concours. Mr. *Calviere* s'y préfenta, & il eft bon de dire qu'il n'obtint pas l'orgue pour des raifons qui n'ont jamais fait de tort à fon favoir, & dans lefquelles il eft inutile d'entrer. Mr. *Couperin* étoit arbitre, il fut fi étonné du merite du jeune Organiſte , qu'il eut la curioſité de lui demander où il avoit appris ſon Art , *ſous l'orgue de St. Gervais* , répondit Mr. *Calviere*. Sans doute que c'eſt ſous l'orgue des grands Cordeliers que Mr. d'*Aquin* s'eſt formé , puiſqu'il poſſéde tous les talens qu'on admiroit dans *Marchand*. Beau génie, mains brillantes, harmonie pure , de la force , de la préciſion , du touchant , de la rapidité ; voilà, je crois , les caractériſer à ne les pas méconnoître ; il a encore cela de commun avec *Marchand* , qu'il a été reçu chez le Roi ſans concours. On a rendu la même juſtice à Mr. *Calviere* , la ſeconde fois , après avoir concouru une premiére , ſans doute , pour mieux reſſembler à Mr. *Couperin* qui étoit entré chez le Roi de cette façon. Celui-ci étoit inégal , Mr. *Calviere* l'eſt auſſi , tant il a pouſſé loin l'imitation ; mais il y a des jours où il ravit ſes Auditeurs , & il faut avouer , que lorſqu'il eſt foible , on ſent toujours l'habile homme , qui perce à travers le nuage qui l'enveloppe. Mr. *Calviere* va de Province en Province annoncer ce qu'il eſt. Les curieux des différens païs viennent aſſurer Mr. d'*Aquin* que ſa réputation vole par tout.

Un amateur des Belles-Lettres & de la Musique a célébré Mr. *Calviere* dans une piéce de Vers qui a été inserée dans le second volume du Mercure de Décembre 1739, la voici.

Sçavant Compositeur de l'auguste harmonie,
Dont tu fais retentir tant les Temples sacrés,
Calviere, enseigne-moi quel rapide génie,
A pû te faire atteindre à de si hauts degrés.

Lorsque j'entends les sons que ta main fait
    éclorre,
Je me crois transporté dans la céleste Cour,
Où les Saints inclinés, à l'Etre que j'adore,
Par des chants éternels témoignent leur
    amour.

Rien ne peut t'arrêter dans ta noble carriére,
Tu franchis aisément les sentiers épineux,
Et tu sçais à propos répandre la lumiére,
Sur tout ce que ton Art a de plus ténébreux.

Quelquefois un dessein, tout simple en appa-
    rence,
Par des tours inconnus savamment relevé,
Sous tes doigts, secondés de ta haute science,
Devient, en un instant, un ouvrage achevé.

La *Fugue*, ce morceau si vaste, & si sublime,
A ton génie heureux semble ne rien coûter,
Et les pompeux accords dont ta verve l'anime,
Au sujet sans effort viennent se présenter.

En touchant un *Duo*, l'éclat des batteries
De tes chants diftingués augmente l'agré-
      ment,
Et l'efprit enchanté de tes vives faillies,
Eft fouvent élevé jufqu'au raviffement.

Tu fais d'un *Quatuor* ménageant la conduite,
Par des traits imprévûs charmer tes Auditeurs,
Ta fçience profonde, & ton rare mérite,
Font de tes envieux, autant d'admirateurs.

On ne peut que fçavoir gré à l'Auteur de ces Vers, d'avoir rendu un jufte
tribut d'encens aū grand merite du célébre Organifte qu'il prend pour fon
Héros ; mais on doit beaucoup louer
auffi un autre Amateur, qui favorifé
par la fortune, n'en cultive pas moins
les Mufes ; celle de la Mufique lui
ayant été la plus favorable, il fe trouvoit en état, plus que perfonne, de chanter le fucceffeur de *Marchand.* Son Epître à Mr. d'*Aquin* parut dans le Mercure
de Février 1740, vous ferez charmé,
Monfieur, de la trouver ici, elle eft fur
les mêmes rimes. Vous aurez le plaifir
de les comparer enfemble.

Héros le plus parfait de la belle harmonie,
Dont le nom retentit jufqu'aux Vallons facrés;

Pourrai-je célebrer le fertile génie,
Qui t'éleve, d'*Aquin*, aux sublimes degrés.

Les magnifiques traits que ton Art fait éclorre,
En charmant tout Paris, en raviffant la Cour,
Excitent dans les cœurs pour le Dieu qu'on
            adore,
Les tranfports les plus vifs du plus fervent
            amour.

Tu pourfuis, à grands pas, ton illuftre carriére,
Aucun chemin pour toi ne paroît épineux,
Conftamment éclairé d'une sûre lumiére,
Tes détours inconnus n'ont rien de ténébreux.

A tes premiers débuts, jugeant fur l'apparence,
D'abord on diftingua ce talent relevé,
Qui bien-tôt foutenu de toute la fçience,
A fait en toi connoître un modéle achevé.

Il n'appartient qu'à toi d'exprimer le fublime,
Les plus rares morceaux ne fauroient te coûter,
Plus le *Docte* jaloux à te fuivre s'anime,
Plus fes efforts font vains pour te repréfenter.

Quand tu fais d'un *Duo* briller les batteries,
Tu fais tout varier avec tant d'agrément,
Que le divin *Marchand* dans fes riches faillies,
Ne nous caufa jamais plus de raviffement.

Ton fçavoir étonnant par fa noble conduite,
Touche, furprend, inftruit les plus fins Audi-
            teurs,

On ne voit qu'en toi seul, ce grand, ce vrai
      merite,
Dont le prix eſt connu de peu d'Admirateurs.

Il me prend envie, Monſieur, de
tranſcrire un petit Arrêt Poëtique qui
ſe trouve dans le même Mercure.

Oui, *Calviere*, à ton Art, un éloge étoit dû :
      Et le Pere de l'Harmonie,
D'un ſourire flatteur approuve le génie,
      Par qui cet honneur t'eſt rendu.
      Une autre Muſe ſur ſa Lyre,
Pour célebrer d'*Aquin* recherchoit des ac-
      cords :
Tais-toi, dit Apollon, tu faits de vains eſſorts.
      Peut-on chanter ce que j'admire ?

Pour bien finir l'article de ces deux
grands Maîtres, je dirai que le Public
les ſuit exactement par tout où ils tou-
chent de l'orgue, & que les Partiſans
de l'un & de l'autre leur donnent à
chacun le premier rang : c'eſt aux connoiſſeurs éclairés que la déciſion appartient ; ils jugent toujours d'aprês le ſentiment, ſans humeur & ſans partialité.
Je ſouhaiterois qu'on entendît enſemble les d'*Aquins* & les *Calvieres* ; rien,
ſelon moi, de plus aiſé. Mr. *Royer* a fait

conſtruire un beau buffet d'Orgue au Concert ſpirituel : on pourroit dans une grand Fête faire toucher nos deux rivaux. Il n'eſt point douteux que cette rivalité même les animeroit, & que de là naîtroient ſur le champ des merveilles qui ne pourroient qu'augmenter l'éclat de ce magnifique Concert. Mr. d'*Aquin* y a déja touché ſeul, il n'y a donc que Mr. *Calviere* qui puiſſe entrer dans cette carriere, où les ſeuls grands Maîtres doivent ſe montrer, & où les talens médiocres ne ſont pas ſoufferts. Il n'eſt pas queſtion de vouloir contenter ſa noble ambition, & d'aſpirer à ſe faire un nom, il faut que ſa réputation ſoit faite & ſcellée par le Public, pour y paroître avec décence.

Mr. de *Bouſſet*, Artiſte, d'un merite diſtingué, doit marcher immédiatement après les deux Maîtres dont je viens de parler. Habile Compoſiteur, il donne tous les ans des preuves de ſon génie, par un Motet qu'il fait exécuter à l'Oratoire pour Meſſieurs de l'Académie des Sçiences.

Mr. *Forqueray*, Organiſte de St. Severin, conſerve encore le beau toucher, & les graces qui lui ont attiré tant d'applaudiſſemens dans ſa jeuneſſe.

La

La Province nous fournit deux Hommes de réputation. Nous avons à Rouen
M. d'*Agincourt*, dont le nom se trouve
dans le septiéme volume du Spectacle
de la nature, aux dépens, à ce qu'il
paroît, des d'*Aquins* & des *Calvieres*. M.
Pluche un peu sujet à se tromper, ne
connoît peut-être d'Organiste que M.
d'*Agincourt*. On ne lui refuse pas du
mérite, il touche très-bien du Clavessin,
a des talens pour l'Orgue, seroit-il donc
le premier?

L'Organiste de Meaux nous presente
un Phénomene des plus singuliers.
Aveugle presque en naissant, mais dédommagé par la nature qui lui a donné
un génie aisé & une mémoire heureuse, il a si bien profité des leçons de
son illustre Maître M. d'*Aquin*, qu'il
est parvenu à ce dégré où n'atteindront
jamais tant d'Artistes clairvoyans. Ce
fameux aveugle (M. *Bibaut*) s'est fait
entendre & admirer à Paris. Dans sa
Province, il ne perd pas un seul instant,
& remplace le plaisir de voir qu'il n'a
pas, par celui de se perfectionner dans
son Art dont il jouit : Voilà toute son
ambition, & on doit lui rendre la justice de dire qu'il n'a pas fait de vains
efforts pour la satisfaire.

I. Partie.   F

Tout le monde fait que les *Rameaux*, les *d'Aquins* & les *Royers* font les Rois du Claveſſin. Les Piéces du premier font inimitables. Les *Sauvages*, les *Ciclopes* & la *Poule*, font une nouvelle preuve de la vérité de ſon pinceau.

Le ſecond a des Piéces qui ſont admirées & jouées par tous les amateurs, témoin la *Melodieuſe*, la *Guitare*, *les trois Cadences*, *les plaiſirs de la Chaſſe*. *Les trois Cadences* ſur-tout, font d'un genre ſingulier & nouveau, & depuis cette Piéce, beaucoup d'Artiſtes ſe ſont habitués à faire deux Cadences de la même main avec plus ou moins de ſuccès. Il falloit bien, ſans trop penſer à la difficulté & à la parfaite exécution, tirer parti de cet agrément nouveau que M. *d'Aquin* avoit trouvé le premier. Cet habile homme a autant de délicateſſe & d'expreſſion ſur le Claveſſin, que de force & de majeſté ſur l'Orgue.

Pluſieurs femmes dans le dernier ſiécle ont excellé dans le Claveſſin. Mademoiſelle de la *Guerre* a tenu un rang diſtingué parmi elles. Cette célébre fille a donné un Opéra & pluſieurs Cantates, qui prouvent la fertilité de ſon génie. M. *Titon du Tillet* l'a placée ſur ſon Parnaſſe, parmi les Muſiciens les

plus fameux : il a fait exécuter son Mé-
daillon, & l'a embelli de cette legende,

Aux grands Muficiens j'ai difputé le prix.

Mademoifelle *Certin* a fait auffi dans
fon tems l'admiration de Paris : elle
étoit fort liée avec *Lully*, & ce grand
homme lui faifoit jouer fur le Claveffin
toutes les Symphonies de fes Opéra. Le
Poëte *Laînés* a célebré cette Demoifelle
dans une piéce de Vers qu'il fit fur
l'excellente harmonie d'un Claveffin
d'Andre *Rukers*.

Je fuis la fille du Génie,
Qui fous le beau nom d'Harmonie,
Réunis dans mes fons tous les charmes du
Chant ;
Et refpectant les Loix du Dieu qui m'a for-
mée,
Je refte dans *Rukers* captive & renfermée,
Et j'attends pour fortir la *Certin* ou *Marchand.*

Madame de *Plaute* & Mademoifelle
Guyot, mortes en 1728, touchoient de
cet Inftrument avec toute la délicateffe
poffible : elles étoient d'autant plus admirables, qu'elles favoient la Compofition, & qu'elles préludoient avec la
hardieffe & le fuccès des plus grands
Maîtres.

F ij

Nous avons perdu , depuis quelques années, Madame du *Hallay* , recommandable par fa beauté & fes talens. Sa Maifon , dont elle faifoit les honneurs avec noblefle, étoit le rendez-vous des plus fameux Muficiens Italiens & François. Elle étoit écoliere de M. d'*Aquin* , & brilloit dans l'accompagnement & dans l'exécution des Piéces. M. *Rameau* appelloit les doigts de Madame du *Hallay* fes petits marteaux. Cette Dame chantoit les Airs Italiens avec le plus grand goût & la plus grande légèreté. M. *Desforges Maillard* a chanté cette aimable femme dans une Ode que vous ferez charmé , Monfieur , de trouver ici.

Belle & jeune *Hallay* quand fur le Claveffin
    Vos mains enfantent l'Harmonie ,
Enivré de plaifir , un charme tout divin
Me pénétre , m'émeut , maîtrife mon génie.

Je vois vos doigts légers , transformés en
      amours ,
    Doux Tyrans , enchanteurs agiles ,
Errer , courir , voler , fur les claviers dociles ,
    Et faire mille jolis tours.

Qu'ils font vifs & touchans , ces Enfans de
    Cythere ;

Mais pour ravir les cœurs, c'eſt bien aſſez ſans
    eux ,
Qu'avec leur frere aîné , leur triomphante
    mere ,
Regne ſur votre lévre & brille dans vos yeux.

Le fameux M. de l'*Argilliere* nous a
conſervé les traits de Madame du *Hallay* dans un Tableau où elle ſemble reſ-
pirer. Notre illuſtre Artiſte avoit cependant quatre-vingt-deux ans , lorſqu'il peignit cette Muſe ſi digne de
nos regrets : l'expreſſion & la vigueur
de ſon pinceau ne feroient jamais ſoup-
çonner qu'il eût entrepris & achevé
ce bel Ouvrage dans un âge ſi avan-
cé. Voici deux petites piéces de Vers
qui parurent alors , & que l'on peut
mettre au bas de ce charmant Portrait.

A ces attraits touchans , à cet air enchan-
    teur ,
Qui ne ſent de l'Amour , naître le feu vain-
    queur !
Et que ſeroit-ce encor ſi le Pinceau fidéle ,
    Pouvoit de ce divin modéle
Exprimer les talens , ſon eſprit & ſon cœur ?

Envain par quelques traits aux vôtres reſſem-
    blans ,

On croiroit, *Du Hallay*, votre image finie;
Aux vertus d'*Artemiſe*, aux graces de *Lesbie*,
Qui joindroit de *Sapho* l'eſprit & les talens,
N'auroit encor de vous qu'une foible copie.

Les femmes illuſtres du ſiécle pour la Muſique & le Claveſſin, ne le cédent en rien à celles dont nous avons fait l'éloge : telle eſt Mademoiſelle *Couperin*, fille du fameux Organiſte de ce nom. Elle doit à ſon ſavoir, & à la renommée de ſon illuſtre peré, la place qu'elle occupe aujourd'hui au Concert de la Reine : place d'autant plus flatteuſe pour elle, que c'eſt une charge de la Chambre que les femmes n'ont jamais exercée ; il faut avoir du mérite pour faire ainſi exception à la regle générale.

Que dirai-je de Madame de *Mondonville*, autrefois Mademoiſelle *Boucon* ? De qu'elle expreſſion ſe ſervir à ſon ſujet ? La ſeule convenable eſt celle-ci, *Madame de Mondonville eſt raviſſante*. Apollon & l'Amour, pouvoient-ils mieux faire que d'unir enſemble deux de leurs plus intimes favoris ? Heureux les Amateurs qui ſont admis dans leur ſocieté, ils goûtent ces beautés ſublimes dont les Muſes ſeules avoient autrefois le ſecret.

On connoît tous les talens de Madame *Forqueray* : sa réputation est éclatante. Voilà le même Tableau à offrir, l'enchantement est égal ; c'est pareillement un mariage conclu sur le Parnasse, & dont Apollon s'est mêlé.

LETTRE VI.

Sur le Violon , la Basse de Viole ,
& les autres Instrumens.

LE Violon, cet instrument si beau
& si nécessaire, est cultivé, Monsieur, par les personnes de la plus haute
distinction , & l'on accorde beaucoup
de gloire & d'estime aux Artistes qui
y excellent. Les plaisirs que nous procurent les Arts aimables , ne sauroient
être trop payés.

On a fait un si grand progrès dans
l'Art de jouer du Violon , qu'on peut
avancer , sans risquer de se méprendre ,
que les François à présent égalent les
Italiens. Il ne reste donc plus à ceux-
ci que l'avantage d'avoir brillé les premiers.

Les Sonates nous viennent d'Italie,
ainsi que les Cantates , & il seroit ridicule de ne pas avouer que les Italiens
sont nos maîtres en ce genre , sans parler de beaucoup d'autres connoissances
dont nous leur sommes redevables.

Les premiéres Sonates qu'on ait entendues en France, font celles de *Co-relly*, on peut l'appeller à cet égard le *Lully* de l'Italie. Ses Chants font admirables, & fon harmonie eft pure & favante. Tout ce qui nous eft venu depuis, fi vous exceptez les Saifons de *Vivaldi*, ne mérite pas d'être comparé aux Ouvrages de cet Homme célèbre. Il y a même des gens qui prétendent que les Auteurs Italiens qui ont travaillé depuis, ayant voulu furpaffer *Corelly*, ont fait à la vérité de la Mufique plus bizarre & plus extravagante, fans attraper fon goût & fa fenfibilité.

Duval eft le premier Violon François qui ait ofé compofer dans le goût Italien. On prétend qu'il exécutoit fort bien les Sonates de *Corelly*, mais on ajoute que celles qu'il nous a données font très-médiocres. Pour moi, je penfe qu'on doit lui avoir quelque obligation, puifque du moins il a retiré le Violon de l'état d'abaiffement où il étoit autrefois.

Senaillé, mort fort jeune, avoit fait quelque féjour en Italie ; fa Mufique eft chantante & à la portée de tout le monde. Sans être du premier ordre, il plaît encore aux oreilles fenfibles

E v

& il ne faut pas oublier que dans fon tems, où l'on commençoit à peine à fe familiarifer avec la Mufique un peu recherchée, la fienne parut fi brillante, que tous ceux qui aimoient le violon firent des efforts pour apprendre à la jouer.

Mr. *Michel* Napolitain, Auteur encore vivant, mit au jour à peu près dans le même-tems, huit livres de Sonates dans le goût François, qui plûrent beaucoup. Sa renommée bien établie ne fouffre point des nouveautés modernes. La facilité de jouer fes piéces, & la beauté de plufieurs, entretiennent toujours leur débit, & ma furprife eft que la mode courante ne puiffe pas en interrompre le cours.

A la tête de nos plus grands Maîtres on doit placer Mrs. *Baptifte*, *Le Clair*, *Guignon*, *Mondonville*.

Mr. *Baptifte*, le plus grand Violon qui ait jamais exifté, a été long-tems dans fa jeuneffe, en Allemagne, en Pologne & en Italie, il avoit déja une exécution prodigieufe lorfqu'il arriva à Rome. Ce fameux Artifte, dit * Mr. *Pluche n'examine point de quelle Nation ni de quelle main vient une Piéce. S'il la*

* Spectacle de la Nature, Tome *VII.*

trouve noble & gracieuse, il la joue & se la rend comme propre par la justesse de ses sons & par la singuliére énergie de ses expressions. Il applique à la Musique ce qu'on a dit de la Poësie, que c'est peu de chose de causer la surprise à quelques amateurs par une vivacité brillante; mais que le grand Art étoit de plaire à la multitude par des émotions douces & variées. Ce choix lui attira des ennemis. Plusieurs le traiterent d'homme capricieux, d'autres disoient, par tout, que les difficultés l'épouvantoient & qu'il n'étoit pas Musicien. La plus grande & la plus saine partie du Public le regardoit comme un prodige, & pour l'exécution, superieur à tous les Violons Italiens qui étoient venus à Paris. Tout le monde convient que ses compositions sont foibles, mais qu'il a un talent naturel pour le prélude, qu'aucun violon n'aura jamais. On peut comparer Mr. *Baptiste* à ces esprits vifs & brillans dans la conversation qui s'éclipsent sur le papier. Il jouit à présent d'une retraite honorable à la Cour du Roi de Pologne; mais ce qui doit lui faire plus d'honneur, c'est l'amitié que *Corelly* avoit pour lui. Mr. *Baptiste* qui aimoit par préférence les Piéces de ce grand Maître, en avoit si finement faiſi le goût, que les ayant jouées à Rome devant lui, ce célébre Muſicien l'embraſſa, & lui fit préſent de ſon archet. La réflexion ſuivante de l'Auteur du Spectacle de la Nature, met la derniére main à l'éloge de Mr. *Baptiſte*. Il avoit, dit-il, *l'expreſſion, qui eſt ce que la Muſique & la Peinture ont de plus touchant; & le ſon qu'il tiroit de ſon inſtrument étoit le plus beau dont l'oreille humaine pût être frappée.*

L'admirable M. *Le Clair*, après une longue étude & beaucoup de réflexions ſur l'étendue & la portée du violon, fit paroître en 1720 un livre de Sonates, dont la difficulté capable de rebuter les Muſiciens les plus courageux, a fait moins de peur enſuite. Cette eſpéce d'algébre eſt devenue une Langue intelligible; & depuis qu'on a pû pénétrer les principes de la belle harmonie en général, & ceux du violon en particulier, le nuage s'eſt diſſipé, & ſes compoſitions ont été goutées autant qu'elles devoient l'être, & ſont regardées aujourd'hui comme ce qu'il y a de plus parfait en ce genre; il s'y trouve à tout moment des traits lumineux, qui ſurprennent. Pluſieurs perſonnes prétendent que Mr. *Le Clerc* eſt le premier qui, à l'imitation des Italiens, ait joué fur le violon deux ou trois & jufqu'à quatre parties par le moyen du pouce, ce qui s'appelle jouer la double corde. D'autres foutiennent que *Duval* l'avoit fait le premier, & que Mr. *Baptifte* & *Senaillé* l'ont fait auffi avec fuccès. Au refte Mr. *Le Clair* a porté fi loin cette partie, qu'il n'y a rien à lui oppofer de l'aveu même des Italiens.

Ce célebre Muficien ne s'eft pas contenté d'enrichir le Public d'un grand nombre de livres de Sonates, qui font l'admiration de l'Europe, il a fait repréfenter une Tragédie en Mufique, intitulée : *Scylla* & *Glaucus*, où l'on a trouvé des morceaux du premier genre.

Mr. *de Mondonville*, dont nous avons fait l'éloge à l'article des Maîtres de Mufique, a joué feul pendant plufieurs années au Concert Spirituel, avec les applaudiffemens réiterés de tous les connoiffeurs. Un feul talent qui fait admirer un Artifte, eft auffi précieux que rare à trouver. Mr. *de Mondonville*, heureux poffeffeur de deux talens fublimes, a montré par un égal fuccès qu'il étoit un homme au-deffus des chofes ordinaires, il s'eft un peu rapproché de la fphere commune par fon Opéra *d'Isbé*. C'eft une carriere dans laquelle il brillera un jour, son génie étonnant semble nous en répondre.

Mr. *Guignon* Piémontois, & l'éleve du fameux *Sommis*, après avoir passé quelque-tems à Paris, se perfectionna dans notre Musique Il a encore aujourd'hui le double avantage de jouer également bien, la Musique Françoise & Italienne; il s'est élevé au point de contrebalancer le célebre Mr. *Le Clair*, & de le disputer à ces violons d'Italie tels que *Tartini, Montarani, Solarani & Vivaldi*, si renommés pour leurs compositions. Il y a quelques années que Mrs. *Mondonville & Guignon*, voyagerent & se firent entendre ensemble à Lyon & dans d'autres Villes. Les *Duo* qu'ils exécutoient étoient des airs simples & connus, mais qui embellis sous leurs doigts, prenoient tout ce brillant qui en impose & qui éblouit. Les stras artistement montés n'ont-ils pas le coup d'œil des diamans? Ces deux hommes célebres revenus à Paris où l'on est avide des nouveautés, n'ont pas moins surpris par ces petits morceaux délicatement tournés, que par l'union qui regnoit entre eux. Ils ont le même talent, & ils étoient amis.

Ecoutons Mr. *Pluche*, cet Auteur paroît beaucoup aimer Mr. *Guignon*, *qui perſuadé que la Muſique eſt faite pour tirer l'homme de l'ennui, a choiſi la méthode la plus propre à l'amuſer & à le ſurprendre. Le jeu de cet habile Artiſte eſt d'une legereté admirable, & il prétend que l'agilité de ſon archet rend au Public un double ſervice, qui eſt de tirer les Auditeurs de l'aſſoupiſſement par ſon feu, & de former par le travail de l'exécution des Concertans qu'aucune difficulté n'arrête.* De pareilles prétentions font beaucoup d'honneur à Mr. *Guignon*, il auroit dû s'en tenir là, & ne pas prétendre encore aſſervir à ſes loix, les Organiſtes & les Compoſiteurs. Le combat qu'il leur a livré ne lui a pas été favorable, & il a été vaincu pour ne s'être pas contenté d'être toujours victorieux l'archet à la main.

On a coutume de joindre aux grands Violons que je viens de nommer Mr. *Cupis*. Je ſuis cette regle avec d'autant plus de plaiſir, que je le regarde comme un des premiers hommes du tems; il fait le principal agrément de tous les Concerts où il ſe trouve, & il y a des connoiſſeurs, qu'on ne peut accuſer de partialité, qui m'ont aſſuré qu'il étoit très-capable de réunir le ſentiment & le tendre de Mr. *Le Clair*, avec le ſurprenant & le feu de Mr. *Guignon.* Tout le monde connoît le fameux menuet de Mr. *Cupis*, les amateurs lui ont entendu jouer cent fois, & lui redemandent tous les jours sans jamais se lasser de l'entendre ; il n'y a guères que lui capable d'assaisonner ce morceau d'aussi jolis traits, il lui donne toujours un coloris nouveau, & ce menuet si flateur, si agréable, passe encore pour un air moderne, quoique composé depuis plusieurs années.

Lorsqu'on parle d'un homme plein de feu, de génie & de vivacité, il faut nommer Mr. *Guillemain*, ordinaire de la Musique du Roi, c'est, peut-être, le violon le plus rapide & le plus extraordinaire qui se puisse entendre ; sa main est pétillante, il n'y a point de difficultés qui puissent l'arrêter, & lui seul en fait naître dans ses sçavantes productions qui embarrassent quelquefois ses rivaux. Ce fameux Artiste est parmi les grands Maîtres un des plus féconds, & l'on convient que ses ouvrages sont remplis des beautés les plus piquantes.

Parmi les Ecoliers du fameux *Tartini,* qu'on regarde toujours comme un prodige en Italie, & qui quelquefois est critiqué en France, quoique le plus souvent admiré ; parmi les écoliers de ce grand Maître Mr. *Pagin* tient, sans contredit, la premiere place. Il doit tout à *Tartini* ; il s'eſt formé ſous ſes yeux ; il ne connoît que lui ; il ne joue que ſa Muſique, parce qu'elle eſt la ſeule qui lui paroiſſe touchante & ſublime. Mais ce jeune & admirable Artiſte, ſi ſurprenant dans ſon Art, ſi aimable dans la ſociété, ne devroit-il pas ſe prêter un peu à tous les goûts ? N'eſt-il pas fait pour embellir toutes les Muſiques ? D'ailleurs comme dit le Poëte, quelquefois

Sur le ton des François il faut chanter **en** France.

J'ai oui dire qu'il y avoit une expreſſion étonnante dans la Muſique de *Tartini*, & qu'elle étoit en poſſeſſion, depuis long-tems, de ravir les oreilles les plus ſenſibles d'Italie. Je dirai même que Mr. *Pagin* m'a fait éprouver ſouvent que ſon illuſtre Maître parloit au cœur. Si quelquefois je n'ai pas été auſſi ſenſiblement touché, je ne crois pas moins que le plus grand Muſicien de l'Italie eſt un homme excellent, qu'il doit enchanter l'ame, lors qu'à l'exécution il embellit encore ſes ſublimes productions. Je ne crois pas moins que Mr. *Pagin* eſt ſon plus parfait imitateur, & qu'il y a peu de Violons comme lui dans l'Europe.

Mr. *Petit* eſt encore un des éleves & un des admirateurs de *Tartini*; car il le faut avoüer, tous les diſciples de ce grand Maître n'aiment & ne reſpectent, pour ainſi dire, que lui ſeul. Il faut donc que tout ce que la renommée nous apprend de *Tartini*, ne ſoit point de ces nouvelles douteuſes qui ne gagnent pas à être approfondies, puiſque de ſi habiles gens ne prononcent ſon nom qu'avec enthouſiaſme, & ne parlent de lui qu'avec vénération. Quoiqu'il ſoit aujourd'hui du bon ton d'admirer *Tartini*, & que ce ne ſoit pas une petite raiſon pour un homme qui veut être à la mode, il n'y a guéres moyen de ne pas convenir du grand merite du Maître, au récit qu'en font des éleves auſſi éclairés que Meſſieurs *Pagin* & *Petit*. Peut-être que parmi nous les ennemis de la Muſique Italienne font paroître trop de zéle pour la Françoiſe. A la bonne heure que celle-ci ſoit vantée ; mais pourquoi mépriſer l'autre ? Elles ont chacune leur agrément , & toutes deux ont des admirateurs raiſon-

nables & des enthoufiaftes. A quoi bon
critiquer, caballer ? Ne pourroit-on pas
appliquer à la Mufique Françoife qui
voudroit étouffer l'Italienne, ou à l'Italienne qui dédaigneroit la Françoife,
les Vers de Mr. de *Voltaire.*

**Eh pourquoi cenfurer? Quel trifte & vain abus !
On ne s'embellit point en blâmant fa Rivale.**

Je vois un jeune Amphion qui va
tout mettre d'accord. Mr. *Gaviniés* paroît, il n'eft point éleve de *Tartini,*
mais formé par la nature & l'art, pour
afpirer à la premiere place, il prend fon
violon, prélude : Quels fons vous entendez ! quel coup d'archet ! que de
force ! que de grace ! c'eft *Baptifte* lui-
même. Je fuis faifi, enchanté, il parle
à mon cœur, tout brille en fes mains.
L'Italien, le François, il l'exécute avec
le même nerf & la même précifion. Que
fa cadence eft brillante ! fes fantaifies
aimables & touchantes ! Depuis quand
les lauriers les plus beaux font-ils faits
pour un front fi jeune ? Il peut tout atteindre ; il fçait tout imiter ; il n'a plus
qu'à fe furpaffer lui-même : tout Paris
vient l'entendre ; il eft toujours trop
court, parce qu'il eft toujours admirable ; c'eft bien de lui qu'on peut dire :

Le *Talent* n'attend pas le nombre des années.

Admirateur du merite, j'aime à le célebrer. Je le cherche, & je ne l'ai pas
plûtôt trouvé qu'il a mon hommage. Le
talent d'un homme superieur ne me ferme point les yeux fur celui d'aimables
Artiftes. Peu femblable à cette efpèce
finguliére de Partifans outrés, qui fe
choififfent une idole pour n'encenfer
qu'elle, je rends juftice à qui il faut la
rendre, & je fais à merveille que fi *Rameau* eft le Roi & le Légiflateur de la
Mufique, il y a encore de places honorables après la fienne; il en eft de même
dans tous les inftrumens.

En général l'Orcheftre de l'Opéra eft
compofé d'excellens fujets, tous ont
l'obligation à l'Orphée du fiécle de la rapidité de leur exécution. Sous un génie
comme Mr. *Rameau*, on devoit s'attendre à une grande révolution dans la
Mufique, ou plûtôt à la perfection de
l'Art.

La viole fort à la mode, autrefois,
& furtout dans le dernier regne, a perdu beaucoup de fon crédit, peut-être
parce qu'elle ne rend pas affez de fon,
& qu'on ne l'entend prefque point dans
les grands Concerts. Ajoutez à cela que
tout change, & qu'il en eft des inftrumens comme de toute autre chofe, ce

qui plaiſoit beaucoup déplaît à la fin.
Il eſt pourtant vrai que le Violon-celle
qui a été préferé à la viole, a le ſon
plus fort & plus mâle, & qu'il ſoutient
mieux les voix, raiſon contre laquelle
il n'y a rien à objecter. Mais falloit-il
exiler totalement la viole ? C'eſt encore,
quoi qu'on en diſe, un inſtrument bien
parfait ſous les doigts de notre fameux
Mr. *Forqueray.*

Anciennement les violes en Angleterre n'avoient que ſix cordes & ſept
touches. La ſeptiéme corde qu'on nomme le Bourdon, y fut ajoutée par *Ste.
Colombe* Maître du célebre *Marais.* Ce
Ste. Colombe avoit dans ſon tems quelque réputation, mais il n'étoit pas compoſiteur : les ſeuls Maîtres de Chapelle
l'étoient alors, ou pour parler plus juſte, la Muſique en France étoit enſeve-
lie dans d'épaiſſes ténébres.

Aujourd'hui on cultive encore moins
la viole en Italie que dans ce païs-ci,
c'eſt preſque prouver qu'elle y eſt en-
tierement oubliée. On y a pourtant vû
briller autrefois un *Horatio,* de Parme.
Ce Muſicien nous a laiſſé de fort bonnes Piéces, dont on a profité, & que
quelques Auteurs un peu plagiaires ont
données comme leurs propres produc-

tions, en les mettant sur d'autres inftrumens : manœuvre qui se réitere avec
une espéce de succès.

Enfin *Marais* parut ; cet homme fameux apprit la Musique de *Chaperon*,
Maître de la Sainte Chapelle, qui a formé *Lalouette*, *Colasse*, & tous les Musiciens de ce tems-là. *Marais*, sorti de
cette école, se perfectionna sous *Lully*,
& ayant surpassé promptement son Maître *Ste. Colombe*, il porta la viole presque aussi loin qu'elle pouvoit aller.
Peut-être seroit-il devenu encore plus
grand s'il s'étoit familiarisé avec la Musique Italienne : mais quand ce goût
vint en France, il étoit trop tard pour
lui. Au reste il s'est distingué par plusieurs bons Opéra & par des Motets,
qui prouvent sa sçience & son génie. Sa
Tragédie d'*Alcione* où se trouve cette
tempête renommée, ne cessera jamais
de plaire.

Marais a laissé après lui de fort bons
Maîtres, tels que de *Caix-d'Hervelois*,
Allari. Ses fils ont été les héritiers de
son talent, mais on s'est toujours ap-
perçu qu'il étoit partagé entre plusieurs,
& ils n'ont jamais dédommagé totalement de la perte du pere. On peut dire
que personne n'a surpassé *Marais* : un

seul homme l'a égalé, c'est le fameux *Forqueray*.

Il n'a point été l'écolier de *Marais*, comme le bruit en a couru, il n'a jamais eu de Maître que son génie. En effet, que son pere auroit-il pû lui apprendre ? C'étoit un homme médiocre. *Forquerai* parut dans le monde au moment que les Italiens exciterent en France une émulation étonnante vers l'année 1698. Il tenta de faire sur sa viole tout ce qu'ils faisoient sur leur violon, & il vint à bout de son entreprise. Les cordes singuliéres & les traits les plus frappans des bons Auteurs d'Italie, lui étoient tellement familiers, que dans toutes ses Piéces on trouve un certain sel, qui n'assaisonne point celles de *Marais* même les plus travaillées : celui-ci s'en tenoit aux graces naturelles, *Forqueray* en avoit de plus recherchées, mais son Art ne gâtoit jamais la belle nature.

Nous possedons à présent le fils de ce grand Maître, il a tous les talens de son pere : à la plus grande exécution il joint les graces les plus aimables. Les Piéces les plus difficiles ne lui coutent aucune peine, il les joue avec cette aisance qui caractérise le grand homme : tout devient sous ses doigts un

chef-d'œuvre de délicateſſe & d'élegance , & quoique la viole ait perdu de ſes
droits , elle retrouve avec lui ſes anciens admirateurs. Notre Nation aſſez
changeante , eſt toujours avide de ſem-
blables prodiges. Mr. *Forqueray* a , ſi
j'oſe parler ainſi , des phraſes muſica-
les d'un nouveau tour , & dont il ſait
toute la valeur. Entre ſes mains elles
ont l'art de plaire , parce qu'il en fait
uſage avec goût & ſans affectation. La
façon d'employer & de placer les accords les fait paroître ſinguliers & nouveaux. Je ne dirai point que la difficulté
des piéces de viole ait contribué à faire
négliger cet inſtrument. Le Violon-celle
qui lui a ſuccedé , eſt encore plus difficile à manier , & exige un travail prodigieux pour exécuter des Piéces.

Je vous parlerai avec ſatisfaction ,
Monſieur, d'un petit-fils de *Marais*, dont
le rare merite eſt connu & admiré. Il
fait bien revivre ce nom fameux , &
pour la nobleſſe & la beauté de ſon jeu,
il peut être mis à côté de Mr. *Forqueray.*
Les amateurs ne le nommeront qu'a-
près lui , s'ils le veulent , la place eſt
encore aſſez belle.

Les Maîtres de viole voyant avec
douleur leur inſtrument négligé , ont
eu

eu recours au pardeſſus à cinq cordes, ſtratagême bien permis, & qui n'a pas manqué de réuſſir, par la raiſon qu'il nous faut toujours du nouveau.

Madame *Levi* & Madame *Haubault*, ont montré tout leur talent ſur cet inſtrument : la legereté, la préciſion, la fineſſe du coup d'archet, les ſons articulés & flatteurs leur ont attiré les applaudiſſemens du Public au Concert Spirituel. Les femmes à préſent ſe diſtinguent dans tous les genres, la plûpart ſont autant de Fées qui chacune ont leur puiſſance & leur emploi ; voilà les véritables Muſes, celles du Parnaſſe ne ſont que bien imaginées.

Une Demoiſelle métamorphoſée en Roſſignol a adreſſé une Epître à Madame *Haubault*, je vais vous le tranſcrire.

> Eh quoi ! du ſort qui me pourſuit,
> Serai-je toujours la victime ?
> Jadis un monſtre par ſon crime,
> M'a miſe dans l'état où je ſuis...
> Hélas ! du moins dans ma miſere
> Quelques plaiſirs ſoulageoient mes malheurs.
> Le timide Berger, l'innocente Bergere,
> Prenoient part à mes pleurs.
> Au lever de l'aurore,
> De la Nymphe qu'il adore,

G

Tityre par ſes chanſons
M'invitoit à vantér les graces & les charmes.
Sur de plus tendres ſons,
Tircis plaignoit ſon amour, ſes allarmes.
Surpriſe d'une tendre ardeur,
La jeune Eglé me confioit des larmes,
Qu'elle cachoit à ſon vainqueur.
De toute ma gloire,
Il ne me reſte, hélas ! que la mémoire :
Je ne vois plus deſſous l'ormeau
La Bergere naïve,
Prêter à mes chanſons une oreille attentive.
Tityre n'y vient plus enfler ſon chalumeau,
Tout eſt rentré dans le hameau ;
Et Philomele abandonnée,
Ne fait entendre ſes ſons,
Qu'à des Forêts, & de triſtes Vallons.
Une Nymphe, (qui l'eût de ce trait ſoup-
çonnée) !
Me cauſe ce tourment ;
Au ſon d'un inſtrument,
Dont la douce harmonie,
Surpaſſe de ma voix la tendre mélodie,
Bergeres & Bergers ont quitté leurs troupeaux.
Cloë laiſſe Tityre, Amyntas Celimene ;
Et Tyrcis même oublie, & Philis & ſes maux.
Jugez ſi de ma peine
Le ſujet eſt leger ;
Mais vous-même bien-tôt vous ſaurez me
vanger :

Bien-tôt ils se plaindront du cœur d'une inhu-
   maine,
Qui les aura trop sçu charmer.

La Flûte, cet instrument si doux, si
flatteur, si charmant, & qui parloit autrefois au cœur, est encore dans une
grande vogue ; mais la *petite Sante* plus
en vogue qu'elle, lui fait tort. On s'en
sert avec grand succès pour l'accompagnement des voix. Elle a aujourd'hui
les Illustres, qui l'ont mise, si vous
voulez, dans toute sa perfection ; c'est-
à-dire, qu'on exécute les choses les plus
difficiles & les moins chantantes, sur
un instrument qui n'est fait pourtant que
pour toucher l'ame & pour nous attendrir. Je peux me tromper, mais je crois
qu'un beau chant, & moins de vitesse
& de batteries, sont plus de l'essence
de la Flûte ; je ne prétends pas qu'on
adopte mon sentiment, & je sais me
conformer à la mode regnante.

Je me rappelle le nom de *Descoteaux*,
fameux joueur de Flûte, & excellent
Convive. Ce fameux Musicien vivoit
familièrement avec *Moliere*, *Racine*,
Despreaux & *La Fontaine* : il étoit admis à leurs joyeuses parties, & ne pouvoit avec son talent qu'augmenrer le
G ij

plaisir que l'on devoit goûter dans de pareils Festins , & avec des hommes d'un si grand mérite.

Philbert avoit aussi beaucoup de réputation pour cet instrument : d'ailleurs il étoit bon chanteur , grand fleuriste , homme très-plaisant , & plus que tout cela , il étoit assez heureux pour plaire à son Maître, à Louis XIV. Ce singulier Artiste imitoit très-bien le mauvais langage de tous les étrangers qui commencent à parler François , & le jargon & l'accent de ceux qui vivent dans les Provinces éloignées de Paris & de la Cour ; il contrefaisoit à merveille les caractères & les façons de parler de tous les âges , de tous les états , & de toutes les professions ; on pouvoit l'appeller le singe de la nature. Il imitoit encore parfaitement le son des cloches , & carillonnoit très-bien en frappant avec un bâton sur une poële à frire.

Un jour que *Philbert* montra tous ses agréables talens à *Lainez* , ce Poëte lui dit en plaisantant , *Philbert* , *tu m'as rejoui , je t'immortaliserai.* Effectivement , il lui envoya deux jours après ces Vers où le Musicien dut reconnoître son portrait.

Cherchez - vous des plaiſirs ? Allez trouver
    Philbert.
    Sa voix des doux Chants de *Lambert* ,
Paſſe au bruit éclatant d'un Tonnerre qui
    gronde ;
    Sa Flûte ſeule eſt un Concert.
La fleur naît ſous ſes mains dans un affreux
    déſert :
    Et ſa langue féconde ,
Imite en badinant, tous les peuples du monde.
    Si dans un vaſte Pavillon ,
Il ſonne le *Tocſin* ou fait un *Carillon* ,
    En battant une Poële à frire ,
Le Héros immortel que nous reverons tous ,
    Devient un homme comme nous ;
    Il éclate de rire.
Cherchez - vous des plaiſirs ? Allez trouver
    Philbert ,
    Sa Flûte ſeule eſt un Concert.

    Le fameux de *La Barre* avoit , dit-
on, le talent merveilleux d'attendrir ,
c'eſt un don de la nature que l'Art tel
qu'il ſoit n'atteindra jamais.
    Deux Rivaux enſuite ſe ſont diſputé
la victoire. *Lucas* mort depuis quelques
années , & M. *Blavet* le premier homme du tems. *Lucas* , dit-on , étoit admirable pour accompagner , & perſonne
G iij

ne pouvoit lui difputer le prix ; mais quoique toujours excellent lorfqu'il jouoit feul , il étoit moins grand , moins furprenant que M. *Blavet* , qui de l'aveu de tous les connoiffeurs , ne connoît perfonne au-deffus de lui pour l'exécution des *Sonates* & des *Concerto*. L'embouchure la plus nette, les fons les mieux filés , une vivacité qui tient du prodige , un égal fuccès dans le tendre , dans le voluptueux , & dans les paffages les plus difficiles : Voilà ce qu'eft M. *Blavet*. Je fuis fûr que le public ne me dedira point , & qu'il ratifiera mes éloges , ils font faits d'après fon jugement : je ne crains donc point de paffer pour adulateur. Je le repete, j'ai écouté le public , c'eft le grand Maître ; j'ai parlé comme lui , qu'ai - je à craindre ? Oui , c'eft à lui-même que j'ai entendu dire que M. *Taillard* étoit le feul qui pût remplacer M. *Blavet*.

Le fon brillant du Haut-Bois anime & reveille nos Symphonies. Les *Philidor* & les *Defnoyers* dans le dernier fiécle , y ont excellé. Aujourd'hui M. de *Selle* , Ordinaire de la Mufique du Roi, & M. *Defpreaux* , méritent nos éloges.

On ne peut difputer au Violon-celle ce fon mâle , ferme & foutenu , que n'aura jamais la Viole.

Le Violon-celle n'est pas moins nécessaire dans les grands Chœurs & dans les *Concerto* , qu'utile pour l'accompagnement des voix. On dira que nous aimons le bruit , & que nous perdons du côté de l'élegance & de la sensibilité , ce qui peut être vrai ; mais on se servira toujours de cet Instrument pour accompagner , même dans les Concerts de Chambre ; le procès est jugé , il n'y a point d'appel.

Le Violon-celle est un instrument fort difficile , la justesse des sons exige seule un grand travail , qui doit augmenter à proportion des graces & de la précision que l'on veut mettre dans son Jeu.

Le fameux *Barriere* mort depuis peu , possedoit tout ce que l'on peut désirer en ce genre : il n'y avoit guéres d'exécution comme la sienne. Personne aujourd'hui ne peut se flatter d'avoir plus de feu que M. *Bertaut* ; plus d'art, de finesse , & de douceur , que Mrs *Edouart & Labbé* : ce sont les deux plus excellens Accompagnateurs que l'on connoisse. M. *Martin* si admirable sur son instrument , & si habile Compositeur , jouit de toute la réputation qu'il mérite. On m'a dit que le jeune M.

G iiij

Chrétien, Ordinaire de la Muſique du Roi, faiſoit des choſes étonnantes ſur le Violon-celle, qu'il ne connoiſſoit point de difficultés de tel genre qu'elles fuſſent ; en un mot que c'étoit un prodige.

Le Baſſon que *Dubois* & *Belleville* avoient porté à la plus haute perfection, puiſqu'ils tiroient de cet inſtrument des ſons auſſi doux que ceux de la Flûte, n'a rien perdu de ſon luſtre entre les mains de Mrs *Brunel* & *Capel*.

Les Amateurs des Fêtes champêtres & des amuſemens de la campagne m'en voudroient trop, ſi je ne parlois pas de la Muſette. Ce joli Inſtrument dont les Bergers autrefois tiroient ſi bon parti, ſemble rappeller, Monſieur, ces tems fortunés où les Paſteurs pour plaire à leurs belles, & pour les engager, uniſſoient la voix à ſes ſons doux & flatteurs. La Muſette ſemble faite pour la ſolitude des Bois, & pour exprimer les ſoupirs d'un Amant. Tranſportez-vous dans l'ancien tems, voyez les Bergeres ornées de guirlandes de fleurs, qui ſur le ſoir ramenent leurs troupeaux ; entendez *Corydon* qui fait raiſonner la Muſette ; vous voilà ravi, vous regrettez ce ſiécle heureux, & vous en voulez à votre imagination, lorfqu'elle s'écarte de cet objet charmant. Je ne fais d'où vient, mais tous les hommes ont un foible étonnant pour la Bergerie. Sans doute que la tranquillité de cet état, & l'amour qui en étoit inféparable, convient à tout le monde; on regretera avec raifon de n'être pas habitant d'une contrée où l'on ne connoiffoit d'autre ambition que celle de plaire, & d'autre occupation que celle d'aimer & d'être heureux. Mais j'entends *Charpentier*, je le crois du pays; il eft gai, content, les fons qu'il fait éclorre me tranfportent, je fuis au hameau. Quelle délicateffe ! Jamais Berger avec fon talent n'auroit trouvé de cruelle.

La Viele fera toujours parmi nous un fujet de difpute, mais fes plus grands adverfaires ne lui refuferont pas de la gaieté & de la vivacité. Il y a eu un tems où l'on avoit une efpéce de fureur pour cet inftrument : il y a plus de calme à préfent. Malgré cela, que d'aimables femmes de Paris en font encore leur amufement ! Je crois que la Viele fera à la mode tant qu'elle pourra fe flatter d'avoir des *Dangui* : elle eft admirable fous fes doigts. Je finis mes réflexions fur la Mufique, en vous faifant

G v

obferver, Monfieur, que les plus grands Rois l'ont protegée & même cultivée. Louis XIII. a fait plufieurs Motets. Monfeigneur le Duc d'Orleans Regent du Royaume, a compofé plufieurs morceaux de Mufique. Louis le Grand, & notre Augufte Monarque, ont accordé à cet Art leur bienveillance, & ont comblé de diftinctions & de faveurs les grands Artiftes. Le Roi de Pruffe protege, encourage & cultive la Mufique, & les plus grands Seigneurs de France, d'Italie & d'Allemagne, jouent la plûpart de quelque inftrument, plufieurs même font Compofiteurs. M. de Voltaire leur applaudit, en difant : M. le Chevalier de *Braffac* non-*feulement a le talent très-rare de faire la Mufique d'un Opéra, mais il a le courage de le faire jouer, & de donner cet exemple à la Nobleffe Françoife.* Je me fouviens à ce fujet des Vers de ce grand Poëte.

> Vous noble jeuneffe de la France
> Secondez les chants des beaux Arts,
> Tandis que les foudres de Mars,
> Se repofent dans le filence.
> Que des Mufes à vos genoux
> Les Lauriers à jamais fleuriffent.
> Ques ces Arbres s'enorguilliffent,
> De fe voir cultivés par vous.

LETTRE VII.

Sur le Chant & sur la Danse.

C'EST dans les Opéra Italiens où l'on trouve, Monsieur, une image de la Scene Grecque. Oui, à en croire M. de *Voltaire*, un Opéra Italien a quelque ressemblance avec le Théâtre d'Athenes. *Le Récitatif est précisément la* Mélopée *des anciens ; c'est cette déclamation notée & soutenue par des instrumens de Musique.* Au sentiment du même Auteur, nos bons Opéra, tels qu'*Armide*, *Thesée*, &c. doivent aussi nous en conserver l'idée. Ces Tragédies ne sont-elles pas chantées comme l'étoient celles des Grecs ? Les Chœurs qui s'y trouvent ne répondent-ils pas aux leurs, en ce qu'ils occupent souvent la Scene ? Et s'ils enseignoient la vertu, la comparaison ne seroit-elle pas parfaite ? Les gens de Lettres qui connoissent l'antiquité, & que M. de *Voltaire* a consultés, lui ont dit que nos Tragédies-Opéra *sont la copie & la ruine de la Tragédie d'Athenes.*

Ces grands Spectacles, ces Fêtes pu-

G vj

bliques, accompagnées de Chants & de Danſes, étoient en uſage chez les Hébreux; & le P. *Menetrier* Jeſuite, donne pour exemple, dans ſon Livre *des Repréſentations en Muſique*, la manière dont fut exécuté ce fameux Cantique lors du paſſage de la Mer rouge par les Iſraëlites : *il fut mêlé de chants & de danſes accompagnées de pluſieurs inſtrumens, les femmes y formoient des chœurs avec les hommes.* On peut juger par-là que les Spectacles des anciens reſſembloient aſſez à ceux qui ſe repréſentent de nos jours.

Balthazarini, ſurnommé le *Beau-Joyeux*, valet de Chambre de Catherine de Médicis, donna en France quelque idée des repréſentations en Muſique : il ſe faiſoit aider pout la compoſition des Chants par *Beaulieu & Salomon*, Maîtres de Muſique du Roi; *La Chénaye*, Aumônier du Prince, lui faiſoit des Vers, & *Patin*, Peintre, ſe mêloit des décorations.

Sous Charles IX *Baif*, Poëte & Muſicien, établit une Académie de Muſique dans ſa maiſon : tous les Muſiciens étrangers y étoient admis pour concerter; & le Roi qui chantoit très-bien, honoroit l'Aſſemblée de ſa préſence,

& s'y rendoit exactement une fois la Semaine.

Les Spectacles & la Muſique fort né-gligés enſuite, reparurent avec éclat du tems de Marie de Médicis, ſeconde femme de Henri IV. *Octavio Rinuccini* regardé par pluſieurs perſonnes comme l'inventeur des Opéra en Italie, accom-pagna cette Reine en France, où il in-troduiſit ce nouveau goût.

Enfin l'Abbé *Perrin* obtint en 1669 un privilége pour établir l'Opéra ; il s'aſſocia avec *Champeron*, homme, dit-on, fort riche, & avec le Marquis de *Sourdeac*, qui avoit tant de génie pour les décorations. Les Poëmes de l'Abbé étoient déteſtables, mais Cam-bert qui les mettoit en Muſique leur donnoit au moins l'apparence du ſuc-cès, quoiqu'il fût bien éloigné du mé-rite de *Lully*, à qui pour l'honneur de la Nation, & pour le progrès de l'Art, *Perrin* céda ſon privilége. Bien-tôt *Lully*, homme excellent, & *Quinault*, le premier des Poëtes Lyriques, déve-lopperent de véritables talens, dont ceux de leurs prédeceſſeurs n'avoient été qu'une ombre très-imparfaite.

Parmi les belles voix deſtinées à faire l'agrément des Ballets de Louis XIV,

Lully se reserva *Beaumavielle* pour l'O-
péra de Paris. C'étoit le brillant Acteur
de son tems : il avoit une *Basse-taille*
des plus belles, & jouoit les premiers
Rolles.

Le fameux *Thévenard* succéda à cet
Acteur. *Thévenard* plus attentif à la déclamation suivie qu'exige le Récitatif,
ne faisoit point valoir sa voix comme
le premier par des sons trop emphati-
ques. D'ailleurs il avoit l'air noble au
Théâtre ; sa voix étoit sonore & étendue, il tournoit en agrémens jusques
à ses défauts, & il a passé pour le meilleur acteur que nous ayons eu en *Basse-
taille*. Il n'étoit pas moins admirable
lorsqu'il chantoit à table, personne
n'avoit autant de goût & de délicatesse,
ce qui le faisoit rechercher à la Cour
& à la Ville par les gens les plus distin-
gués. Il est bon de remarquer que les
longs repas où il se trouvoit assez assi-
dûment ne lui altererent jamais le bel
organe dont la nature l'avoit doué. Il
se retira de l'Opéra en 1730, après y
avoir brillé pendant quarante années.
Une longue carriére parcourue glorieu-
sement, & sur-tout dans le pays des
enchantemens, doit paroître aussi courte
que rapide.

On rapporte que *Thévenard* voyant une jolie pantoufle sur la boutique d'un Cordonnier , devint amoureux de la Demoiselle à qui elle appartenoit , sans cependant la connoître : ayant découvert son nom & sa demeure , il s'adressa à l'oncle de sa belle inconnue : cet homme aimoit un peu à boire , il fut si charmé de trouver ce second talent dans notre Acteur , qu'il détermina la mere de la Demoiselle à lui donner sa fille en mariage , & cet hymen fut conclu sous les auspices de Bacchus.

Le successeur de *Thévenard* , Mr. de *Chassé* , qui fait en partie l'ornement de notre Scène Lyrique , posséde ce vrai merite qui conduit aux succès les plus décidés. Un port majestueux , un geste noble , une déclamation parfaite , une expression naturelle & pathétique ; en un mot , si j'ose le dire , l'éloquence du chant ; voilà ce qui caracterise ce grand Acteur. Si c'est un Roi qu'il représente , l'homme disparoît , vous ne voyez plus que le Monarque : il soutient toute la dignité du Trône , & l'illusion est si parfaite , qu'on voit à regret la fin de l'O-péra qui lui ôte son Diadême & qui détruit son Royaume. Se transforme-t'il en Héros amoureux , il anoblit , en

quelque forte , cette paffion , & lui
donne par fon jeu un air de grandeur ,
qui manque prefque toujours à l'amour
dans nos Piéces Lyriques ? Qu'il fe tranf-
forme en Génie qui préfide aux enchantemens , tout tremble , il femble que
la nature doive lui obéir ; il ajoute un
nouvel éclat à la vérité de la Peinture ;
enfin Mr. de *Chaffé* eft unique fous quelque forme qu'il fe montre. Qui ne connoît pas l'Auteur de ces Vers ?

Chaffé, quand je te vois paroître fur la Sçène,
Je crois voir arriver une Divinité :
Que dis-je ? Non, les Dieux fous une forme
       humaine ,
N'auroient ni tant d'éclat , ni tant de dignité.

   Dumenil , charmante *haute - contre* ,
n'eft pas le premier homme à talens,
qui d'un * état obfcur , ait paru tout à
coup fur le grand Théâtre du monde
pour y recevoir les applaudiffemens du
Public : la nature l'avoit formé , & l'Art
le mit à la mode. Ce fut *Lully* qui le

---

   * Il avoit été Cuifinier de Mr. *Foucault* , In-
tendant de Montauban. Un mauvais plaifant
en lui voyant jouer le rolle de *Phaëton* , s'é-
cria : *Ah, Phaëton, eft-il poffible que vous ayez
fait du bouillon !*

perfectionna , & auquel il eut l'obligation de fa fortune.

Mr. *Muraire* , qu'il fuffit de nommer ,
pour attirer l'attention des connoiffeurs ,
s'eft retiré de l'Opéra , quoiqu'il fît les
délices de tout Paris ; il uniffoit à l'action la plus noble la voix la plus magnifique. Jamais Muficien n'a mieux entendu l'art du chant. Sans faire lan-
guir le récitatif & fans appuyer fur les
tons pour briller à contre-tems , il montroit toute l'étendue de fa voix , dans
ces éclats furprenans que l'occafion faifie
avec adreffe , rendoient néceffaires &
intéreffans. Cet admirable Acteur doit
jouir d'une renommée immortelle ; &
le talent précieux de jouer avec diftinc-
tion de prefque tous les inftrumens pouvoit le rendre inimitable , & nous
priver d'un prodige femblable ; mais
Mr. *Geliote* a paru avec les mêmes graces , les mêmes avantages. Evenement
extraordinaire ; Phénomene qui ne re-
paroîtra plus fur l'horifon de l'Opéra.

M. *Tribout* propofé comme un modéle pour l'action & pour la déclamation , brilloit fur-tout par l'enjouement
qu'il répandoit fur de certains Rolles ,
dans lefquels il faifoit un plaifir infini.
Ne rendoit-il pas à merveille celui de

Maître de Chant dans les *Fêtes Veni-
tiennes* ? Il n'eſt pas ſûr qu'on pût le
faire mieux que lui ; mais où il triom-
phoit, c'étoit ſur-tout dans *Cariſelli*,
petit Ballet bouffon. *Lully*, Auteur de
cet Ouvrage, avoit joué pluſieurs fois
ce Rolle devant Louis XIV. au grand
contentement de la Cour. M. *Tribout*
aſſaiſonnant le même Rolle de toutes les
plaiſanteries imaginables, a de nos
jours reſſuſcité *Cariſelli*, à la grande ſatisfaction de Paris.

Le brillant, l'aimable Mr. *Geliote*,
eſt l'*Amphion* de nos jours. Pourquoi
n'a-t'il pas le privilege de l'autre ? Quoi!
les ſons de ſa voix ne ſont-ils pas aſſez
éclatans pour nous faire dire de lui ce
que l'on racontoit de l'ancien *Amphion* ?

Qu'à ſes accords touchans les pierres s'émou-
voient,
Et ſur les murs Thébains en ordre s'élevoient.

Mr. *Geliote* exerce du moins cet empire ſur les ames, miracle plus flatteur
& plus difficile encore à opérer. On ne
peut réſiſter à ſon expreſſion toujours
vraie, quoique variée. Paroît-il ſur la
Scène ? Tous les yeux s'attachent ſur
lui, tous les cœurs volent ſur ſes tra-

ces. On doit comprendre aisément quels font ceux dont notre excellent Acteur est le plus jaloux. Sous la forme d'un Dieu, sous celle d'un Berger, le charme est égal pour les Spectateurs. Que de délicatesse dans le jeu ! que d'élegance dans le chant ! c'est *Atys*, c'est *Apollon*, c'est *Zelindor* qui nous plaisent & qui nous raviffent : nous croyons les voir, les entendre, & nous oublions qu'on ne fait que nous les repréfenter, tant le preftige est grand.

O *Pygmalion*, ou plûtôt, ô chantre inimitable ! c'est ton art, ta voix, bien plus que l'amour, qui animent la charmante ftatue dont tu es épris. Ne fommes-nous pas tranfportés de plaifir lorfque tu mets dans leur éclat les immortelles arrietes du Prince de l'art. Tu ne connois point de rival, tu n'auras point d'imitateur, & la Mufique & les Vers

Par *Geliote* embellis fur la Scène,

De leurs douceurs enyvrent tous nos fens.

On trouve rarement un Acteur qui joue de génie, & qui devant être efclave de fon chant paroiffe toujours libre, dont l'action, le gefte, le filence même intéreffent. Apprendre des Scènes, les débiter froidement & avec cet empreſſement qui ne fait que trop voir que l'on voudroit en être quitte, eſt une choſe aſſez commune à tout homme, chargé du pénible emploi de paroître en public, d'y faire parade de ſes talens, le plus ſouvent de ſes imperfections. Le tems à la vérité façonne, & l'habitude enhardit; mais on ne devient jamais un *Geliote*, il faut être né tel; alors on donne le ton au ſiécle. Sans gâter les graces de la nature, on leur aſſocie les fineſſes de l'art; on a un goût à ſoi que tout le monde veut copier, auquel perſonne n'atteint. Il n'eſt que trop prouvé qu'une maniere neuve & ſaillante ne va bien qu'à l'inventeur. L'imitation eſt à craindre; c'eſt un tableau ſingulier & admirable dont on ne peut faire que des copies informes, tels ſoins que l'on prenne. Laiſſons-lui l'avantage d'être un morceau unique, c'eſt un parti qu'il faut prendre : Notre inſuffiſance ne nous y conduiroit-elle pas toujours ? Si Mr. *Geliote* eſt l'idole du Public; ſi pour me ſervir de l'expreſſion d'un Auteur eſtimable, on croit n'avoir point été à l'Opéra quand on n'a point entendu chanter Mr. *Geliote*; ne fait il pas également le principal orne-

ment des fêtes particuliéres, des cercles
& des fociétés qui le poffedent ?

Son talent, fes fuccès, en lui rien ne m'étonne,
  Les Mufes formerent fa voix,
  Et pour applaudir à leur choix,
Le Dieu du chant lui donna fa couronne.

Parmi les Actrices les plus célébres
nous comptons Mlle. *Rochois*, qui au
fentiment du fameux Comédien *Baron*,
étoit la plus grande Actrice & le meilleur modéle pour la déclamation qui ait
paru fur aucun Théâtre. Cette fille illuftre étoit l'héroïne de *Lully*. Des yeux
pleins de feu & capables de rendre toutes les paffions, les attitudes les plus variées, un air de divinité, un gefte admirable ; voilà ce qu'elle uniffoit à la
plus belle voix du monde. Un efprit
vif & un goût fûr lui avoient attiré l'eftime de *Lully*, qui la confultoit fur fes
oùvrages, & qui lui attribuoit leur réuffite. On l'a vûe briller dans *Armide* &
dans quelques autres Tragédies de l'*Orphée* du dernier fiécle, elle joua en 1698
dans l'*Europe Galante*, & fe retira enfuite de l'Opéra.

Ses talens, fes graces & fon efprit,
furent célébrés avec enjoûment par
l'Abbé de *Chaulieu*, qui l'aimoit beau-

coup. Il lui adreſſa deux piéces de Vers.
La premiere au ſujet du rolle d'Armide,
qu'elle joua en 1686.

Je ſers, grace à l'Amour, une aimable Maî-
    treſſe,
    Qui ſait ſous cent noms différens,
    Par mille nouveaux agrémens,
Reveiller tous les jours mes feux, & ma ten-
    dreſſe,
Sous le nom de *Théone* elle ſait m'enflammer,
Arcabonne me plut, & j'adore *Angelique*;
Mais quoique ſa beauté, ſa grace ſoit unique,
    Armide vient de me charmer.
    Sous ce nouveau déguiſement,
Je trouve à mon *Iris* une grace nouvelle.
Fut-il depuis qu'on aime un plus heureux
    amant !
Je goûte tous les jours dans un amour fidéle,
    Tous les plaiſirs du changement.

    Le même Abbé fit pour elle la Chan-
ſon ſuivante.

    Vous avez reçu des Cieux
    Tout ce qui peut rendre aimable;
    Une voix incomparable,
    Et mille dons précieux:
    Mais dans un plaiſir extrême,
    C'eſt un tourment ſans égal,

De trouver qnand on vous aime ,
Tout Paris pour fon Rival.

Les Demoifelles *Moreau* , & *Defma-*
tins , qui dans l'Opéra d'*Armide* étoient
les Confidentes de Mlle *Rochois* , repré-
fentoient auffi les premiers Rolles avec
beaucoup de nobleffe. Après la retraite
de Mlle *Rochois* , on vit paroître Mlle
Maupin , qui fut fort applaudie , tant
pour fa jolie figure , que pour fa voix ,
qui paffoit pour la plus forte & la plus
belle qu'on eût entendue à l'Opéra.

Mlle *Journet* après plufieurs effais
heureux fur le Théâtre de Lyon , vint
enchanter tous les Spectateurs fur celui
de Paris , où elle fe fit admirer dans les
premiers Rolles par toutes les qualités
qui caractèrifent la grande Actrice :
l'air de douceur répandue fur fa phifio-
nomie , la rendoit fi touchante , qu'elle
arrachoit des larmes lorfqu'elle repré-
fentoit *Iphigenie* , Rolle par lui - même
fort intéreffant , mais auquel elle donnoit de nouveaux charmes. Cette Tragédie mife en Mufique par *Campra* &
Defmarets , peut être oppofée à ce que
nos Muficiens les plus célébres ont jamais fait de mieux. Le Tableau de Mlle

Journet nous la repréfente en *Iphigenie*; on voit dans le fond le Temple de Diane : c'eft un des plus beaux morceaux de *Raoux*, Peintre eftimé.

On fe fouvient de Mlle *Antier*, qui pendant vingt-neuf ans a fait le plaifir de Paris. Elle fut formée par Mlle *Rochois* ; & quoiqu'elle charmât d'abord tout le monde par la beauté de fa voix, elle dut à la grande Actrice qui l'inftruifit ce qu'elle a été dans la fuite. Il eft vrai que Mlle *Antier* avoit les qualités qui pouvoient la faire parvenir au premier dégré. Une Taille majeftueufe, un organe admirable, de la nobleffe & de la fierté, un air qui en impofoit. Pouvoit-elle avec ces avantages mal jouer les Rolles de Divinité, de Princeffe & de Magicienne, fur-tout étant exercée par la fille la plus célebre du tems? Une jeune Danfeufe qui fe perfectionneroit aujourd'hui fous les yeux de l'incomparable Mlle *Sallé*, ne deviendroit-elle pas le prodige de fon Art?

Vous vous rappellez, Monfieur, Mlle *Peliffier*, qui a reçu tant d'applaudiffemens fur le Théâtre, & dont le nom fe confervera à jamais dans les faftes de l'Opéra. L'impreffion finguliére
re

re qu'elle faiſoit ſur l'ame lui gagnoit
tous les Spectateurs. Qu'elle étoit belle ſur la Scene ! Et que ſon action
étoit vive ! Quel Tableau elle offroit
dans la Tragédie de *Thisbé* ! Vous ne
pouvez y penſer ſans regretter cette Actrice , dont l'Art merveilleux ſuppléoit
ce que la nature avoit pû lui refuſer.
Admirable dans ce qu'on appelle le Jeu
Muet , ſon viſage , ſon geſte , ex-
primoient les paſſions qui devoient
l'animer. Ce n'eſt pas ſans raiſon qu'un
fameux Poëte a dit :

Peliſſier par ſon Art , le *Maure* par ſa voix ,
Tour à tour ont mes vœux & ſuſpendent mon
    choix.

    Imaginez-vous ce que l'étendue de la
voix a de plus ſurprenant, ce que les
charmes d'un goſier , tel qu'il n'en fut
jamais , ont de plus ſéduiſant;en un mot
le miracle de la nature , & vous nom-
merez Mlle *Le Maure* , dont la réputation a volé par toute l'Europe. Dès
qu'elle commençoit à chanter , tout diſ-
paroiſſoit aux yeux du Spectateur , il ne
voyoit plus qu'elle. Le plaiſir de l'entendre plongeoit dans une douce yvreſ-

I. Partie.   H

se , qui finiſſoit ordinairement par des cris & des applaudiſſemens qui approchoient du tranſport. En effet , cette premiere Chanteuſe de l'univers deve-loppant ſur le Théâtre ſon ame toute entiere , ſembloit être inſpirée par le Dieu des Concerts. Aux mouvemens impetueux qui demandent du feu & de la vivacité , ſuccédoient ces douces langueurs , ces tendres plaintes enfans du ſentiment. Jamais Actrice a-t'elle mieux ſoutenu les grands Caractères , mieux fait valoir le génie du Muſicien ? Qui peut ſe vanter d'avoir mieux exprimé qu'elle les fureurs d'une Amante outragée , la joye ſecrette d'un cœur ſatisfait ? Ne trouvoit-on pas dans ſes yeux , tantôt la douleur & la vengeance , tantôt la tendreſſe & les plaiſirs.

Docte *Erato* , vous chantiez avec elle ,
Lorſque ſes ſons nous raviſſoient ;
Et les Dieux qui l'applaudiſſoient ,
Ainſi que vous , l'ont renduë immortelle.

On ſeroit bien injuſte de demander d'autres talens aux perſonnes qui ſe ſont élevées en quelque ſorte au-deſſus du leur. Sauroit-on au juſte ce qui les a conduites à la perfection d'un Art avec si peu de disposition pour le reste ? Oserai-je dire que c'est un instinct merveilleux qui les renferme dans un genre, & qui veut qu'elles y excellent à l'exclusion de tous les autres ?

Mlle *Le Maure*, après avoir quitté l'Opéra en 1727, y rentra à la reprise d'*Hesione* en 1730. Elle joua encore pendant six ans ; c'est-à-dire, qu'elle étonna le public, qui ne vouloit qu'elle, & qui ne venoit en foule que pour elle ; enfin elle voulut se retirer une seconde fois malgré son prodigieux succès , & malgré les couronnes qui paroient sa tête. Depuis ce tems , elle jouit de sa renommée ; se prodigue peu , & ne fait part de son Talent divin qu'aux personnes qu'elle ne peut guères refuser.

J'ai pourtant oui raconter que quelques particuliers avoient été exprès chez elle , lui demander en grace de chanter , & qu'elle leur avoit accordé cette faveur. Tout Paris sait que Madame la Dauphine , curieuse d'entendre Mlle *Le Maure* , lui a envoyé ses Carosses pour la conduire à Versailles : on sait aussi que sa réputation ne s'est point démentie , & que toute la Cour a trouvé les mêmes graces & la même beauté de voix , qui a tant fait valoir autrefois cette Syrene enchantereſſe.

S'affoiblir, des Mortels eſt le ſort ordinaire :
Leur fragile talent croît & périt comme eux.
L'admirable *Le Maure* eſt la fille des Dieux,
　　Sa voix ne ceſſera de plaire.

Un zélé partiſan de Mlle *Péliſſier* mécontent de ce que Mlle *Le Maure* emportoit tous les ſuffrages , s'écrie : *C'eſt un malheur pour la premiere , que l'autre ait vêcu de ſon tems : dans tous les Arts chacun a ſes partiſans : ſi quelqu'un ſe diſtingue dans le ſien , tous ſes Admirateurs ne manquent pas de juger qu'il efface ceux qui marchent dans la même carriere : ils enlevent aux autres ce qu'ils peuvent , pour le donner à un ſeul.* Enfin l'*Admirateur* de cette célebre Actrice finit par des Vers dans leſquels elle eſt louée aux dépens de ſa Rivale , mais qui ne réparent point ce qu'il a été forcé de dire : *c'eſt un malheur que Mlle* Péliſſier *ait vêcu du tems de Mlle* Le Maure.

Je Ne chante point pour chanter :
Du vrai l'Auditeur eſt avide ;

Pour le forcer à m'écouter,
Le sentiment est mon seul guide.
Admire qui voudra ces voix,
Dont les sons éclatans, sans choix,
Prétendent maîtriser la Scéne ;
Apollon n'aime pas le bruit :
Le sensible touche & séduit,
Ainsi prononce *Melpomene.*

Je serois fort fâché d'oublier ici Mademoiselle *Petit-pas.* Cette aimable Actrice quitta l'Opéra en 1739, un Poëte lui adressa ces Vers à son retour d'Angleterre au Printems de 1733, à l'occasiou du Rolle de Zephire qu'elle avoit joué l'Automne précédeut dans le Ballet des *Sens.* Il suffit de rapporter cette petite Piéce, pour faire juger du mérite de l'Actrice qui en est le sujet.

L'aimable *Petit-pas* est enfin de retour
    Après une absence cruelle,
Elle revient embellir ce séjour,
Charmer Paris qui soupire après elle ;
    En pourroit-on être surpris ?
Dans la saison où tout se renouvelle,
Dans la saison des Graces & des Ris,
Ne doit-on pas revoir *Zéphire* & *Philomele ?*

Arrêtons - nous , Monſieur , ſur les deux plus fameuſes Actrices du tems , & trouvons-nous fort heureux de ce que la retraite de Mlle *Le Maure* n'a point interrompu nos plaiſirs : on pourroit la regretter davantage , ſi nous ne poſſedions pas Mlle *Fel* & Mlle *Chevalier*.

Le nom de Mlle *Fel* inſpire une joye ſecrette. On ſe repréſente ſur le champ une Actrice merveilleuſe. On ſe dit avec ſatisfaction , la voix de Mlle *Fel* eſt d'une préciſion admirable , & d'une légereté ſinguliére. On fait plus , on vole à l'Opéra lorſqu'elle y chante; on la trouve toujours nouvelle , toujours brillante , c'eſt , dira , M. l'Abbe *de la Porte* , Auteur des Vers que vous allez lire : *c'eſt un Timbre d'argent : qu'on en juge par ce ſeul trait , elle chante l'Italien , & le prononce comme Mlle* Fauſtine *quand elle étoit bonne.*

Quelle voix légere & ſonore !

Ah ! que vous inſpiréz de feux !

De *Fel.* Vos doux accens rendent plus tendre encore ,

L'Amour qui brille dans vos yeux.

Il n'y a point d'Opéra du grand *Rameau* que cette Fée n'embelliffe, & je juge à l'air fatisfait dont elle chante fa Mufique, qu'elle lui donne la préfe-rence fur toute autre. On ne fait ordi-nairement ufage de fon feu & de fa vi-vacité, que pour ce qui nous plaît. Le bon goût que montre en cela Mlle *Fel*, eft une raifon de plus pour la faire ado-rer, je n'en dis pas trop, des véritables connoiffeurs. Prenez donc pour vous, incomparable Actrice, ce que M. *Greffet* a dit avec enthoufiafme : voix charman-te, voix préfente à mes penfées, je vou-drois t'entendre toujours : tes éclats, tes cadences, tes fons agréablement mê-langés ; leur variété, leur fimetrie, leur alliance, tout dans toi eft raviffant. Que de volupté tu verfes dans mon ame ! Croiroit-on te vanter beaucoup, en comparant tes accords à ceux de Philomele ? Non ; les fons uniformes & inarticulés du tendre Roffignol, ont-ils l'expreffion, l'ame & la vie des tiens ? Toujours belle, toujours féduifante, chaque fon que tu fais éclore, eft un fentiment qui pénetre le cœur & qui captive les fens.

Qu'entend-je ? C'eft Mlle *Chevalier.*

H iiij

Héritiére des talens & des graces des *Rochois* & des *Journets* , elle les fait revivre fur notre Théâtre. Semblable à *Mlle Peliffier* , elle peut allier les deux contraires , & fait émouvoir & réjouir les Spectateurs. Ne lui a-t-'on pas vû jouer le Rôle de la Folie avec autant d'agrément qu'elle avoit rendu celui d'*Erinice* dans *Zoroaftre* avec force & nobleffe. Quelle naïveté ! Quels charmes , lorfqu'elle a fait le Rolle de *Lycoris* dans le *Carnaval du Parnaffe* ! La Houlette lui fied auffi-bien que la Baguette magique , & fi transformée en *Medée* , elle infpire de l'effroi & de la terreur ; devenue Bergere , elle nous plaît , elle nous intéreffe. C'eft M. *Royer* , dit-on , qui a formé Mlle *Chevalier*. Quel honneur pour lui ! Il ne trouvera plus , je crois , de femblables éleves.

Je quitte un moment l'Opéra pour vous tranfporter au *Concert Spirituel*. Vous voyez , Monfieur , que nos deux Actrices n'y brillent pas moins qu'à ce grand Spectacle d'où nous fortons. Vous les trouvez les mêmes , & il vous femble qu'elle répandent de nouvelles graces fur les fublimes Motets des *Lalandes*

& des *Mondonvilles*. Vous ne prêtez pas une moindre attention aux fons mâles & agréables de Mrs *Benoît & Maline*. Le premier vous paroît mettre plus d'expreffion dans fon chant, le fecond a, felon vous, la voix plus forte, plus nourrie; celui-là eft plus brillant, a plus d'art; celui-ci doit plus à la nature, fa voix eft également foutenue dans le haut, dans le bas; M. *Benoît* touche, M. l'Abbé *Maline* plaît; & tous deux avec un grand mérite, & prefque le même organe, vous font un plaifir différent. Vous écoutez avec fatisfaction cette magnifique *Haute-Contre*, que la Cour & la Ville admirent, que l'Opéra & le Concert reclament tour à tour. -M. *Poirier* vous attache, vous furprend; vous ne connoiffez guéres de voix fi parfaite, fi fléxible, fi fonore; vous y trouvez de la délicateffe, de la légereté, de l'étendue, enfin toutes les qualités d'une belle *Haute-Contre*, fans aucun des défauts dont ce genre de voix eft plus fufceptible que tout autre.

La Danſe.

Toutes les Nations ont goûté le plaiſir de la danſe, & beaucoup d'Auteurs en ont fait l'éloge. Les Peuples de l'Egypte avoient un goût décidé pour elle, & c'étoit en danſant que les Indiens rendoient hommage au Soleil, la divinité du païs : façon de prier bien ſinguliére.

Les Anciens ne célébroient guères de jeux ſans y mêler des danſes. Il y avoit chez les Grecs des Ecoles publiques pour apprendre cet art, qui ſeul peut donner la bonne grace du corps & l'agrément de la contenance.

Les Romains s'occupoient auſſi de la danſe, ſur-tout les plus nobles d'entr'eux, qui étoient les Prêtres de Mars. Mais n'allons pas nous perdre dans l'Antiquité, & rapprochons - nous, Monſieur, de notre tems, après vous avoir dit cependant, qu'*Homère*, *Héſiode*, *Lucien*, ont toujours aſſez eſtimé la danſe pour la joindre aux belles qualités des Héros qu'ils chantoient, & que le Sage *Socrate*, pour s'en inſtruire, déroba quelques momens à la Phyloſophie ; ce fut même dans un âge ſi avan-

cé, qu'il n'y a pas lieu de croire qu'il
eût les mouvemens affez fouples pour
pratiquer avec grand fuccès ce bel art.

Que dire de plus en fa faveur, finon
qu'il a contribué au plaifir des Rois &
des Princeffes qui en ont fait leur di-
vertiffement favori ? Qu'on fe fouvien-
ne *des Fêtes de l'Amour & de Bacchus* en
1672, du *Triomphe de l'Amour* en 1681,
on verra le Roi, Madame la Dauphine,
les Dames & les Seigneurs de la Cour
figurer avec des Danfeurs & des Danfeufes choifies. Le fuccès de ce dernier
Ballet fut fi grand à Saint Germain,
qu'on le donna à Paris ; & pour la premiere fois on introduifit des Danfeufes
fur le Théâtre de l'Opéra : auparavant
ces Rôles étoient remplis par des hommes habillés en femmes. Un tel changement n'a dû qu'être bien reçu ; des
nouveautés fi agréables ne peuvent pas
fouffrir de difficultés ; & puifque c'eft
une Déeffe qui préfide à la danfe, c'eft
à des Nymphes à qui il convient de
nous en faire fentir toutes les merveilles : rien de plus naturel.

Pour montrer combien cet art eft recommandable, eft-il befoin de rapporter ici que plufieurs Arrêts du Confeil
de l'année 1669, décident que l'on ne

H vj

déroge point en faisant profession de
le danse, ainsi qu'en s'attachant aux
Théâtres? Je n'ai pas besoin de m'étendre davantage sur cet article; parce
que j'écris pour des gens de goût qui
ne cherchent qu'à élever les talens, &
qui savent parfaitement qu'il n'y a que
l'accueil qu'on leur fait & que les dis-
tinctions qu'on leur accorde, qui puissent les entretenir dans leur splendeur.
Mais en France:

Nul Art n'est méprisé, tout succès a sa gloire.

Les grands Poëtes, les Musiciens
célébres, les Danseurs excellens, les
bons Peintres, les Sculpteurs habiles, les Historiens renommés, les Phy-
siciens profonds, les Critiques judicieux, &c.

Ont part également au Temple de mémoire.

C'est à l'Opéra où la danse brille le
plus; elle est une des parties essentielles
de ce grand Tout que la Poësie ébauche,
& à qui la Musique donne le principe de
vie. Je dirai volontiers comme Mr. de
St. Mard, que *quand on a fait un Opéra*
pour la premiere fois, on a bien pensé à ce
qu'on faisoit; on a uni trois Arts pour donner
aux mouvemens & aux objets qu'on avoit à
peindre plus de vérité & plus d'agrémens.
L'Ingénieux Auteur que je viens de ci-

ter ne voudroit pas affurer que cela s'éxécutât bien reguliérement ; mais il fait prendre garde, *qu'il fuffit pour qu'on ait pû en hazarder le mélange, que ce mélange ait réuffi, & l'expérience nous apprend qu'il a réuffi ; & que fouvent il réuffit encore.* Il n'y a que la Poëfie qui ait un peu relâché de fes droits ; c'eft pour le préfent la partie foible d'un fpectacle fi étonnant lorfqu'on y exécute la Mufique de notre Orphée, ce que l'on devroit faire prefque toujours ; & fi amufant par la varieté qui regne dans les Ballets.

La Mufique & la Poëfie, continue Mr. de St. Mard, *quelque parfaites qu'elles puiffent être, n'ont à elles deux toutes feules, ni de quoi former l'Opéra, ni de quoi l'embellir au point où il doit être ;* cela feroit bon, fans la difette préfente des Poëtes Lyriques, car Mr. *Roy,* le feul digne de porter ce nom, ne produit plus de Poëmes tels que les *Elémens,* & *Callirhoé,* mais des ouvrages tels que la *Felicité* & l'*Année Galante.* Ainfi Mr. *Remond* n'auroit dû compter que fur la Mufique, qui à la vérité ne peut faire feule l'Opéra, mais qui en eft l'ame ; il faudra encore, j'en conviens, des décorations, & fur-tout de la danfe ;

& de tout cela l'intelligence ne sauroit être
trop parfaite. Mr. de St. Mard qui est
ici un peu de mauvaise humeur, com-
pare l'Opéra *à ces États malheureux, où*
chacun uniquement occupé de son intérêt
particulier, se mocque de l'intérêt géné-
ral. Poëte, *Musicien,* Maître de Ballet,
chacun en ce païs-là veut briller, veut
briller seul; & personne n'y brille véritablement que notre Orphée pour la Musique, & le grand *Dupré* pour la Danse.

Quelquefois la Danse s'unit à la Musique pour peindre avec elle de concert,
ou pour rendre l'imitation de celle-ci
plus parfaite, mais il ne faut pas qu'elle
en veuille trop faire. Qu'arrive-t'il ?
En supposant qu'on joue un air de
Vents, dont la Symphonie exprime à
ravir les siflemens & la vîtesse, il arrive
que le Danseur demeure fort en arriere;
les Violons ont fait douze croches avant
qu'il ait fait un tour de jambe, & l'on
voit avec regret la Danse courir après la
Musique qu'elle ne sauroit attraper.

Il y a des personnes qui sont fâchées
du trop d'étendue que l'on donne à la
Danse. A les entendre elle étouffe les
autres parties dont on a beaucoup plus
affaire ; tout est mis en Ballet. Je crois
qu'on a tort de parler de la sorte ; des

Ballets bien amenés, quoique fréquens, jettent de la varieté dans le Spectacle, & c'est le plus grand secret contre l'ennui dont ne sont pas exemptes des Scènes trop longues, quoique très-bien faites. En un mot nous avons un goût décidé pour les Ballets figurés : pour les arrietes : nous voulons que la Danse domine ; quelque chose de plus que tout cela, c'est la mode, mais une mode établie sur la satisfaction générale de tous les Spectateurs. Pourquoi nous contredire ? Pourquoi se distinguer ? Il vaudroit bien mieux penser comme le Public, qui ne peut pas se tromper en ayant du plaisir.

D'ailleurs à quelle perfection la Danse n'est-elle pas parvenue de nos jours ? C'est une raison très-forte pour l'enchérir davantage. Que de tableaux différens dans ces Ballets qui réjouissent la vûe & qui fixent l'imagination. Est-il rien au-dessus de ces Scènes muettes ? N'est-il pas étonnant que l'on puisse imiter avec tant d'exactitude toutes les actions, toutes les passions. On nous les représente au naturel, tout est exprimé, les pensées, les mœurs, les sentimens : cela ne tient-il pas du prodige ? On est maîtrisé par l'enthousiasme, &

l'on dit avec le Poëte :

Tout Art a mon hommage, & tout plaisir
m'enflamme.

Mais qui s'offre ici à la suite de *Terp-sicore* ! ce sont ses plus chers nourris-sons. *Beauchamp* qui se distingua par la noblesse & les graces de sa Danse dans plusieurs Ballets de Louis XIV. & qui eut l'honneur de figurer avec ce Monarque ; c'est lui qui le premier composa des Ballets pour l'Opéra.

Pécourt le suit, c'est un des plus grands Acteurs de son tems, & l'un des plus beaux Danseurs qu'on ait pû voir. Après avoir brillé dans les Ballets de la Cour & de l'Opéra, l'Académie Royale de Musique le perdit en 1729, dans le cours des représentations de *Tancrede*. Jamais homme n'a été tant applaudi que *Pécourt*, & ne l'a tant merité. Il avoit succédé à *Beauchamp* dans la direction des Ballets, & l'on n'a pas oublié qu'il les composoit avec un génie étonnant & une varieté admirable. Après lui ont paru *Faviers*, *L'Etang*, *Ballon*, *Blondy*, tous Danseurs de la premiére réputation.

Fixons nos regards sur Mr. *Dupré*, à qui l'on ne peut rien opposer, & qui est le plus grand Danseur de l'Europe.

Voyez-le s'avancer d'un pas leger : quelles attitudes ! quels bras ! que de graces réunies ! fa Danfe eft une peinture mobile, une image fidéle des fentimens, un affemblage de tous les charmes. Que de vérité & de précifion ! avec des pas il a peint tous les caracteres. Vous paroiffoient-ils précipités ? C'étoit la colère. Inégaux ? Vous vous repréfentiez l'indignation. Etoient - ils égarés ? C'étoit le defefpoir qu'il vous peignoit ; mais ce qui fera toujours un effet fi fenfible fur l'ame, c'eft cette grandeur, cette majefté, ces coups de maître fréquens, j'ofe dire ces découvertes neuves & brillantes, dernier effort de l'art, & qui paroiffent la Nature elle-même, tant les fecrets les plus cachés du *Talent* font familiers à ce premier homme du fiécle.

On fe reffouvient toujours avec plaifir de Mr. *Marcelle* : le Public eft rarement ingrat. Mr. *Lani*, Compofiteur des Ballets de l'Opéra, donne tous les jours des preuves de fon invention, eft lui-même un très - bon Danfeur & excelle fur-tout dans la Pantomime. Mr. *Marcelle* a danfé le Menuet fupérieurement. Accablé autrefois d'applaudiffemens à l'Opéra, il les recueille aujourd'hui plus tranquillement de la part de toutes les personnes distinguées à qui il enseigne l'art de la Danse. L'âge & les infirmités ne peuvent diminuer une réputation acquise à juste titre. Mr. *Laval* est Maître des Ballets du Roi, place qui lui fait d'autant plus d'honneur, qu'il est digne de cette distinction. Mr. *Javillier* est un des meilleurs Maîtres de Paris, sa célébrité n'est pas, comme il arrive souvent, l'ouvrage du caprice, elle est confirmée par le suffrage du Public.

Si vous remontez jusqu'à la naissance de l'Académie Royale de Musique, vous saurez que Mlle. *La Fontaine*, recommandable par sa beauté & par la noblesse de sa danse, est la premiere femme qui ait figuré sur le Théâtre : son exemple fut suivi, & peu de tems après parut Mlle. *Subligny*, qui ne manqua pas d'être fort applaudie, & qui ne se distingua pas moins par la sagesse de ses mœurs. On pourroit lui appliquer ces Vers, ainsi qu'à l'illustre Mlle. *Sallé.*

Une Actrice qui joint la sagesse aux talens,
Mérite parmi nous les égards les plus grands ;
Elle est par sa vertu d'autant plus élevée,
Que par l'occasion elle est plus éprouvée.

Cette Actrice fut remplacée par Mlle. *Guyot* , non moins fameuse que les *La Fontaines* & les *Sublignys.* Ensuite brilla Mlle *Prévoſt* , qui pendant très long-tems a fait les délices du Théâtre. Cette fille charmante étoit célébre pour les Danses legeres & gracieuses.

Mais je vois paroître la *Rivale des graces* , l'inimitable Mlle. *Sallé ;* tantôt la tendresse & la volupté se trouvent dans ses pas interrompus & négligés , tantôt la finesse de ses balancemens , la justesse de son équilibre , les bras , l'expression des Déesses vous la font reconnoître aisément pour la Reine de son Art : vous appercevez les amours & les plaisirs qui voltigent autour d'elle ; ils respectent ses charmes , ils viennent se former sous ses yeux. Nos plus grands Poëtes ont chanté Mlle. *Sallé* , témoin Mr. *de Voltaire* , qui lui adressa ces Vers dans un voyage qu'elle fit en Angleterre.

O toi , jeune *Sallé* , fille de *Terpſicore* ,
Dans tes nouveaux succès reçois avec mes
       vœux ,
Les applaudissemens d'un Peuple respectable.

Mr. *de Boiſſi* en lui envoyant sa Piéce

de *la Bagatelle*, lui écrivit :

La Bagatelle au jour vient de paroître,
    Et fon Auteur ofe te l'envoyer.
Vertueufe *Sallé*, par le titre peut-être,
    Que l'ouvrage va t'effrayer !
Raffure-toi, l'enjouement l'a fait naître ;
    Mais j'y refpecte la vertu :
Je t'y rends fous fon nom l'hommage qui
    t'eft dû.
Paris avec plaifir a fu t'y reconnoître,
Je n'eus jamais que le vrai feul pour Maître,
    J'y fais ton portrait d'après lui ;
    J'en demande un prix aujourd'hui :
    C'eft le bonheur de te connoître.

Vous cherchez, Monfieur, une autre Actrice fi merveilleufe dans fon genre, c'eft Mlle *Camargo* : quels pas brillans ! quels fauts agiles ! aufli legere que les Zéphires, à peine les yeux peuvent-ils la fuivre. Mr. *de Voltaire* diftingue ainfi ces deux Danfeufes admirables.

L'agile *Camargo*, *Sallé* l'Enchantereffe.

Mais voici un coup de pinceau plus décidé.

Ah ! *Camargo*, que vous êtez brillante !
Mais que *Sallé*, grands Dieux, eft raviffante !

Que vos pas font legers , & que les fiens font
doux :
Elle eft inimitable , & vous êtes nouvelle :
Les Nymphes fautent comme vous ;
Et les Graces danfent comme elle.

Ces deux célébres Actrices ne font
plus à l'Opéra. Mlle. *Sallé* eft Penfion-
naire du Roi pour fes Ballets. Voici des
Vers qui peignent parfaitement cette
fille illuftre par fes grands talens &
par fes vertus.

De fon art enchanteur tout reconnut les loix ;
Dans Londres , dans Paris , tout vola fur fes
traces :
Elle fut fans égale , & parut à la fois,
L'éleve des Vertus , *la Rivale des Graces.*

Vous confiderez cette jeune Actrice,
qui prend pour modéle Mlle. *Sallé* ;
fon attitude vous intéreffe , fa juftelle
& fes graces vous répondent du fuccès
de l'imitation. Avec quelle délicatelle
elle développe fes bras ! Mlle. *Puvigné*
veut avoir la feconde place dans le Temple de *Terpficore* , le choix qu'elle a
fait l'y conduira.

Mlle. *Lani* doit remplacer Mlle. *Ca-*
margo ; le pofte eft affez beau pour flat-

ter fa noble ambition ; c'eft la même force, la même legereté : la gayeté animoit l'une, la gayeté domine dans la danfe de l'autre.

Mlle. *Lyonnois* dans la Tragédie de *Zoroaftre*, a rendu avec force le caractere de la *Haine*, tous les mouvemens qui caracterifent cette paffion étoient exprimés parfaitement. Il eft rare qu'après avoir réuffi dans le tendre & le gracieux, on emporte les fuffrages dans le terrible, genre totalement oppofé ; c'eft pourtant ce qu'a fait Mlle. *Lyonnois*. Voilà quatre petits Vers qu'on fit pour cette charmante Actrice lorfqu'elle danfa fous l'habit de *la Haine*.

> Quand tu parois fur notre Scène,
> Mon cœur ému prouve trop bien,
> Qu'à voir ainfi regner la *Haine*,
> Jamais l'Amour n'y perdra rien.

Les charmes que nous offrent la Mufique & la Danfe, ne doivent point donner d'exclufion aux autres Arts qui ont auffi leur avantage, & qui procurent des plaifirs différens ; il faut les aimer également, & imiter le Poëte célebre, qui a dit :

Vers enchanteurs, exacte Proſe,
Je ne me borne point à vous ;
N'avoir qu'un goût, c'eſt peu de choſe,
Beaux Arts je vous invoque tous :
Muſique, Danſe, Architecture,
Art de graver, docte peintnre,
Que vous m'inſpirez de déſirs !
Beaux Arts, vous êtes des plaiſirs,
Il n'en eſt point qu'on doive exclurre.

Fin de la premiere Partie.

ERRATA.

Page 106, *ligne* 18, l'a mis, *liſez*, la mit.
Page 108, *ligne* 14, rendoient, *liſez*, rendoit.
Page 116, *ligne* 7, les, *liſez* de.
Page 123, *ligne* 19, Madame de *Plaute*, *liſez*, Madame de *la Plante*.
Page 139, *ligne* 18 brûle, *liſez*, brille.
Page 149, *ligne* 8, de ſon coup d'archet, *liſez*, du coup d'archet. *Page idem ligne* 9, lui, *liſez* leur.
Page 161, *ligne* 18, s'aſſemblent, *liſez*, raſſemblent.

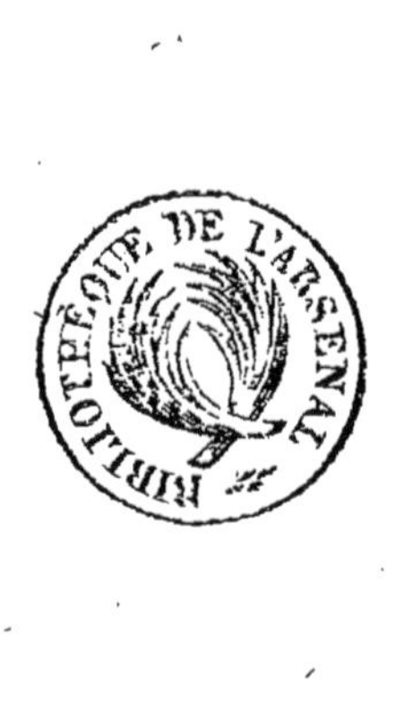

9 782019 229719